CHAKRAS, BUDISMO Y SANACIÓN POR CRISTALES

LA GUÍA DEFINITIVA PARA SUPERAR EL ESTRÉS Y LA ANSIEDAD, SANARSE A UNO MISMO, Y VIVIR UNA VIDA FELIZ

DIMAS SAUSEDA

Copyright 2019 - Todos los derechos reservados.

El contenido de este libro no puede reproducirse, duplicarse o transmitirse sin el permiso directo por escrito del autor o el editor.

Bajo ninguna circunstancia se atribuirá culpabilidad ni se responsabilizará legalmente al editor ni al autor de ningún daño, reparación o pérdida monetaria debido a la información contenida en este libro. Ya sea directa o indirectamente

Aviso Legal:

Este libro está protegido por los derechos de autor. Este libro es únicamente para uso personal. No se podrá enmendar, distribuir, vender, usar, mencionar o parafrasear cualquier parte o contenido de este libro, sin el consentimiento del autor o editorial.

Aviso de exención de responsabilidad:

Favor de notar que la información contenida en este documento es solo para fines educativos y de entretenimiento. Todo el esfuerzo fue hecho para presentar información precisa, actualizada y completa. Ningún tipo de garantía viene declarada o implícita. Los lectores reconocen que el autor no está comprometido en presentar consejos legales, de tipo financieros, médicos, ni profesionales. El contenido de este libro ha sido obtenido de diversas fuentes. Favor de consultar a un profesional antes de intentar realizar cualquiera de las técnicas descritas en este libro.

Al leer este documento, el lector acepta que bajo ninguna circunstancia el autor es responsable de las pérdidas, directas o indirectas, que ocurran como resultado del uso de la información contenida en este documento, incluidos, entre otros, - errores, omisiones o inexactitudes.

ÍNDICE

LA GUÍA SENCILLA PARA PRINCIPIANTES SOBRE EL BUDISMO

Introducción	3
1. Aspectos básicos del Budismo	7
2. Verdad Noble #1: La verdad del sufrimiento [dukkha]	13
3. Verdad Noble #2: La verdad del origen sufrimiento	19
4. Verdad Noble #3: La verdad de la cesación del deseo	23
5. Verdad Noble #4: La verdad del sendero	27
6. Las cadenas de causalidad	29
7. El noble camino óctuple	37
8. Los Cinco Factores de Control	53
9. Eslabones para llegar a la iluminación	59
10. Los 10 eslabones que encadenan a realidades artificiales	69
Conclusión	75

SANACIÓN POR CRISTALES

Introducción	79
1. ¿Qué es la sanación con cristales?	83
2. Los beneficios de la terapia con cristales	95
3. Aspectos específicos y prácticos	105
4. Principales cristales y sus efectos sanadores	115
5. Tres terapias básicas con cristales	125

6. Pasos para activar y despertar la energía del cristal — 131
7. Prácticas avanzadas para la sanación con cristal — 139
Conclusión — 149

APERTURA DE TUS CHAKRAS

Introducción — 153
1. Aspectos básicos — 157
2. Los 7 chakras principales — 163
3. Métodos kundalini para alinear los chakras — 173
4. Métodos kundalini para alinear los chakras (Parte II) — 179
5. Abriendo los chakras con la meditación — 185
6. Desbloquear los Chakras con la digitopuntura — 189
7. Aromaterapia para alinear los chakras — 193
8. Los chakras y los arquetipos — 201
9. Asanas para alinear los chakras — 209
10. Otros métodos para alinear tus chakras — 215
Conclusión — 223

LA GUÍA SENCILLA PARA PRINCIPIANTES SOBRE EL BUDISMO

SUPERA EL ESTRÉS Y LA ANSIEDAD DESCUBRIENDO TU PAZ INTERIOR A TRAVÉS DE UNA ATENCIÓN GUIADA, YOGA, CHAKRAS & LA MEDITACIÓN VIPASSANA

INTRODUCCIÓN

El Budismo es una filosofía de vida cargada de doctrinas, con unas enseñanzas prácticas enfocadas en trabajar directamente en la mente y conseguir fortalecerla.

Esto hace cambiar la vida y se aprende a ver el mundo de otra manera. Con ello se consigue ser más estable y se evitan que las cosas negativas de la vida hundan la existencia.

Se consigue evitar el deseo, ya que este daña, y a la vez es la aceptación tal como se es, apartando los complejos propios.

Se entra en un estado de paz y tranquilidad donde se alejan los miedos y se consigue el flujo de felicidad estable y permanente.

Por fin se puede ser capaz de entender la vida, lo que importa realmente en ella y se comprende su ciclo, la muerte y el miedo a esta.

Si se aprende a deshacer del deseo, a aceptarse como se es, se comprende la enfermedad, entre otras cosas, entonces será imposible derribarse fácilmente.

Esto es lo que el budismo denomina iluminación, despertar o Nirvana, es el momento en que todo en la mente está ordenado perfectamente desatando los nudos que hay presentes.

Todos los seres humanos tienen la capacidad de lograr la iluminación.

Esto no es magia, es realidad, son muchas las personas que lo han intentado y lo han logrado, solo es cuestión de tiempo para lograrlo y poder aumentar la conciencia.

Quienes lo logran, dejan de buscar la popularidad y fama, querer más dinero, hacerse más hermosos o satisfacer sus deseos.

Han dejado de necesitar tener cosas, se sienten plenamente satisfechos con lo que tienen.

La felicidad no depende de nada, como no se es dependiente pues es una felicidad permanente.

Aunque el budismo es más que esta introducción, muchísimo más y por eso se preparó este material. Donde se explica esta milenaria filosofía.

ASPECTOS BÁSICOS DEL BUDISMO

El Budismo, más que una religión o una mera filosofía es un conjunto de ideas y métodos que conducen a la liberación del individuo de sus peores opresores:

Elementos como el odio, la codicia y la ignominia se eliminan para aprovechar la vida al máximo.

El Budismo es un camino de enseñanzas prácticas. La meditación es una de ellas, esta sirve como medio para la transformación, ayuda a desarrollar cualidades de consciencia, sabiduría y bondad.

Durante miles de años en la tradición budista se creyó un recurso incomparable para los que querían seguir un sendero para el desarrollo espiritual.

El sendero budista lleva a lo que se conoce como Iluminación o Budiedad.

¿Quién fue Buda?

La palabra Buda es un título y no un nombre, su significado es "alguien que está despierto" en el sentido de haberse "despertado a la realidad".

El título describe el logro de un hombre de nombre Siddharta Gautama, quien vivió hace 2500 años en el norte de la India. A sus 35 años, luego de años de esfuerzo, logró la Iluminación, al estar en una profunda meditación. Por los restantes 45 años de vida, viajó por gran parte del norte de la India diseminando su enseñanza del sendero de la Iluminación.

Buddha-Dharma es el nombre por el que se le conoce en Oriente: La Enseñanza del Iluminado.

Yendo de lugar a lugar, Buda enseñó a una gran cantidad de discípulos, muchos de ellos alcanzaron la Iluminación y a su vez estos enseñaron a otros.

Así se creó una cadena ininterrumpida de enseñanzas que hasta nuestros días continúa existiendo.

Buda no era ni dios, ni profeta de Dios, tampoco se

declaró como un ser divino. Dentro del Budismo no se maneja el concepto de un Dios creador.

Buda fue un ser humano que por medio de grandes esfuerzos se transformó y trascendió su limitación humana, creándose en el nuevo orden de Ser.

El estado de Iluminación comprende tres facetas:

- Un estado de Sabiduría, viendo las cosas como son realmente.
- Una fuente de Compasión o Amor que se manifiesta en una actividad permanente para el beneficio de los seres.
- La liberación completa de las energías de cuerpo y mente para que estén al servicio de la mente con consciencia plena.

Este es un concepto de Iluminación que no se maneja en Occidente salvo para los conocedores y seguidores, quienes no lo conocen se pierden la capacidad espiritual que ofrece el Budismo.

Algunos estudios interpretan en un sentido humanístico cómo llegar a ser un humano ético y con cualidades morales con la carencia de un orden espiritual.

Otros comprenden la meta en términos de un dios más allá de todo y creador de cosas, pero la meta real es la comunión o la unión con él.

¿Qué pasó luego de la muerte de Buda?

El Budismo desapareció de la India hace mil años, aunque ha estado reviviendo en los últimos tiempos. Las enseñanzas se expandieron a Sri Lanka y al sudeste de Asia donde la forma Theravada de Budismo aún continúa floreciendo.

En el Tibet, Mongolia, China y Japón también tiene la presencia del Budismo.

Las formas Mahayana de Budismo se practican en otros países, aunque en el último siglo han padecido mucho por los efectos del comunismo y el consumismo.

Los últimos cien años el Budismo ha estado instalándose en Occidente y muchas personas se han convertido a budistas.

¿Qué enseña el Budismo?

El Budismo ve a la vida como un proceso de permanente cambio y las prácticas tratan de tomar ventaja de éste principio inherente a las cosas.

El significado es que se puede cambiar para mejorar. Es el factor decisivo para transformar la mente y esta doctrina se ha transformado en una herramienta esencial para lograrlo.

Los medios principales para conseguirlo es la meditación, la cual es una forma para desarrollar los estados mentales más positivos que se caracterizan por la calma, consciencia, concentración, amistad, felicidad y ecuanimidad.

El resultado de una mente positiva y clara tras la meditación permite tener una mejor comprensión de uno mismo, de los demás y de toda la vida.

El Budista no está pendiente de evangelizar y convencer a otros de seguirle para que se metan a Budistas, pero si ponen a disposición las enseñanzas para el que esté interesado.

La gente tiene la libertad de tomar lo poco o mucho para lo que se siente listo, muchas personas meditan y aplican la filosofía del Budismo sin hacerse realmente budistas.

¿Cómo hacerse Budista?

Hacerse Budista en todo el sentido es comprometerse con los Ideales centrales del Budismo. Estos son el Buda o el ideal de la Iluminación, el Dharma, las enseñanzas prácticas del Budismo y la Sangha.

La comunidad de personas que sigue el camino aporta amistad, inspiración, estímulo y guía.

Ordenarse Budista significa comprometerse con los ideales, no implica un estilo de vida en particular. Así se rompe esa división entre monjes y laicos que se ve en algunos países de Oriente.

El camino al Budismo está abierto a todos, mujeres, hombres, ancianos y jóvenes, no importa la nacionalidad, la raza o antecedentes. Todos pueden ser Budistas.

VERDAD NOBLE #1: LA VERDAD DEL SUFRIMIENTO [DUKKHA]

La noble verdad del sufrimiento o insatisfacción, Dukkha, en Pali. Esta es la Primera Noble Verdad de Buda y se refiere a la realidad de la vida llena de sufrimientos e insatisfacciones.

Es un postulado que reconoce la presencia universal de estos males.

En su primer sermón, Gotama lo expresó así:

He aquí, oh monjes, la Noble Verdad del Sufrimiento. El nacimiento es estresante, el envejecimiento es estresante y la muerte es estresante. La tristeza, el lamento, el dolor, la angustia y la desesperanza constituyen el sufrimiento. El estar ligado a lo indeseable significa sufrimiento, pero el hecho de tener que separase de lo deseable también es sufrido. Finalmente, cuando no se obtiene lo deseado, se sufre.

Dicho en otras palabras, esta es una verdad que considera el hecho fundamental que se liga a las cosas del mundo, según la cual la vida en todas sus dimensiones es insatisfactoria para la mayoría de las personas.

Además de los ejemplos antes mencionados se le pueden añadir otros que a menudo se experimentan en la vida. Buda lo que quiso enfatizar fue el carácter general de esta experiencia.

La universalidad del sufrimiento se manifiesta en que en la India la gente sufría de la misma manera que sufren actualmente en Europa, América Latina o cualquier parte del mundo.

Es un hecho que no tiene nada que ver con lo material que se posea o por otros aspectos que causan el estrato social.

¿Qué tienen en común un mendigo durmiendo debajo de un puente, protegiéndose de una lluvia torrencial y la Reina de Inglaterra que duerme cómoda en su cama inmensa y a pocos metros del mendigo?

La respuesta es que ambos, a pesar de la inmensa distancia social que les separa, comparten el mismo hecho de tener el sufrimiento en sus vidas, cada uno a su modo, pero lo hay.

No se puede escapar a él. Siempre a todos los seres humanos les llega esta sensación.

Esta Primera Noble Verdad no se debe comprender como un principio filosófico metafísico, sino como una realidad concreta que todos compartimos en el día a día.

Buda le da un enfoque a la universalidad del sufrimiento y se puede ver pesimista a primera vista, pero es importante destacar que la palabra Dukkha que se traduce como sufrimiento en Pali significa "incapaz de estar satisfecho" y está relacionada al mundo de los sentidos, que se manifiesta con la crónica imposibilidad de llenar totalmente el corazón de un hombre para que sea realmente feliz.

Dice esta sentencia que "el sufrimiento está presente de manera universal en el mundo" y no que "yo estoy sufriendo", en una primera leída no parece algo sustancial, pero sí que tiene un abismo de diferencia, especialmente por la gran relevancia a la luz de una de las grandes enseñanzas del Budismo, sobre la no existencia del "yo" o "alma", la primera afirmación reconoce la existencia del sufrimiento, la segunda se identifica con él.

Una de las grandes características de la meditación budista consiste en mirar los estados de ánimo como si en realidad no pertenecieran. Cuando llegan los sentimientos de dolor, pena, gozo, angustia, emoción, etc., ellos pasan, duran un tiempo y se van, unos duran más que otros, pero al final se desvanecen y dan paso a otros.

La persona no es ese sentimiento, tampoco es el otro, no se identifica con ninguno, solo es una sensación temporal.

Otros piensan que elevar el sufrimiento al estatus de una "Noble Verdad" es algo de mal gusto y que lo mejor sería olvidarlo por completo.

En vez de centrarse en lo negativo, mejor es enfatizar lo que es positivo, alegre y bonito de la vida. Hablar de la belleza y los placeres en vez del envejecimiento, las angustias y los dolores.

El hombre moderno le huye a esos pensamientos que considera malos y por eso prefiere borrarlos, porque los considera molestos, así como eliminar los mosquitos con venenos en spray, los males los combate con ruido, ceremonias religiosas, fiestas, chistes y todo lo que distraiga de esa sensación que no le apetece sentir.

Buda simplemente llama la atención de este método de enfrentar los problemas y los considera ineficaces, no se habla de luchar contra el sufrimiento, sino de comprenderlo, ver su naturaleza y el origen para luego liberarse de él.

Para poderlo entender, se necesita investigación del mismo o al menos mirarlo de frente, ver las insatisfacciones diarias, las desilusiones, las irritaciones y los nervios. Tener consciencia de todo esto y convertirlo en entendimiento.

Se puede aprender viendo al sufrimiento, se descubre el origen, esto es algo inmenso, saber de dónde viene, pero ya este es un tema que le corresponde a la Segunda Noble Verdad, el siguiente capítulo.

VERDAD NOBLE #2: LA VERDAD DEL ORIGEN SUFRIMIENTO

La segunda Verdad Noble hace referencia al origen del sufrimiento y su causa.

Dice:

He aquí, oh monjes, la Noble Verdad del origen del sufrimiento: el deseo que produce el continuo llegar a ser, acompañado por la codicia de los placeres, y que encuentra siempre algún nuevo deleite aquí y allá, es la causa del sufrimiento. El deseo puede ser por los placeres sensuales, por la existencia como también por la no existencia

El sufrimiento, según se lee en estas palabras de Buda se origina por el apego a diversos tipos de deseos.

El primero es el deseo de los placeres sensuales. Es un tipo de deseo que se experimenta fácil y no requiere mucha explicación; por ejemplo: al tomar un bocado de las comidas que gustan y son deliciosas, se hace porque nace el deseo de probar otro bocado. Es una experiencia del día a día que no necesita mucha filosofía, solo es probar algo que se considera delicioso en una cantidad pequeña y luego ver lo que sucede en el interior, este es un ejemplo simple de lo que es el deseo de los placeres sensuales.

Como segundo punto, Buda menciona el deseo de la existencia, que se manifiesta normalmente cuando se tiene el deseo de llegar a ser alguien que aún no se es, se tiene la ambición de las cosas, el esfuerzo para ser valorado y reconocido por la sociedad, se quieren riquezas, progresos laborales, se quiere llegar a ser algo distinto a lo que se es ahora mismo.

Esta es una situación que va de acuerdo a la concepción budista, lleva a experimentar las desilusiones y consecuentemente a parar en el deseo de la no existencia, es decir el de dejar de ser o dejar de sentir. Se quiere ser libre de la angustia, de los celos y ansiedad, se quiere conquistar la ira, el enojo o cualquier otro mal que se sienta.

Así es que se sienten diversos tipos de deseos enmarcados en esta Segunda Noble Verdad.

Se debe señalar que según las enseñanzas budistas no es el mismo sentimiento del deseo el que crea el sufrimiento, sino el apego a él.

El deseo no produce sufrimiento, solo lo hace la costumbre que se tiene a las cosas, las pretensiones, los apetitos por tener.

Si se tiene hambre, es natural querer comer y sentir el deseo de un plato. También es normal que surjan otros deseos como querer ser millonario, más saludables, menos obesos o menos calvos, tener más inteligencia, más simpatía y todo el deseo que pase por la mente, son deseos en sí mismos que no pueden causar sufrimiento ni perjudicar, a menos que se proceda a hacer con ellos: abrazarlos con estima como parte de la naturaleza o reprochar la existencia, haciéndole frente y eliminándolo de la mente.

Lo que se debería hacer es solamente reconocerlo y saber que son deseos que surgen, pero que no se tiene que crear una identificación con ellos, no hay que regañarse por su existencia, pero tampoco hay que apegarse a ella.

VERDAD NOBLE #3: LA VERDAD DE LA CESACIÓN DEL DESEO

Esta es la tercera Noble Verdad, la del cese del sufrimiento. Aquí Buda explica en qué consiste este cese del sufrimiento.

Dice:

He aquí, oh monjes, la Noble Verdad sobre la extinción del sufrimiento que consiste en abandonar el deseo. El total cese, la total extinción y liberación del deseo ocurre cuando lo abandonamos y renunciamos a él de manera total.

El camino para poder liberarse, comienza como un estado mental que es capaz de percibir claramente la relación causal entre el apego a los deseos por un lado y el sufrimiento por el otro.

Nunca se debe tratar esta verdad, ni ninguna otra como si fueran dogmas que tienen que aceptarse por medio de una fe ciega, la misma se tiene que convertir en una experiencia personal que se base en la perspicacia manera de observar el mundo y a sí mismo.

El Budismo desarrolló técnicas de meditación para tratar la actividad espiritual, esta podría servir para lograr este objetivo, igualmente cada uno debe aprender a observar el apego a las cosas materiales y las ideas que se defienden, muchas veces con gran vehemencia y las actitudes y las costumbres que originan el sufrimiento.

Cuando se descubre que todos los objetos que se quieren en el plano terrenal llevan consigo el inconfundible sello de la insatisfacción, e impermanencia, el apego se puede reducir y con ello se va el sufrimiento.

Todos los placeres tienen un carácter limitado, todo lo que se ve, se escucha, se prueba, toca, piensa o siente es finito, perecedero y pasajero, tiene como destino desaparecer y morir.

Se puede decir entonces que cuando se abrazan estos placeres se abraza la muerte y si no, se contempla con suficiente perspicacia o no se entiende, entonces se llega a una situación absurda en donde se pretende ser verdaderamente feliz por medio de cosas que solo se pueden ofrecer cuando se siente desesperación, decepción y desilusión.

De las grandes metas de la meditación budista, está lograr que esos sentimientos que antes se trataban de esconder ahora afloren con claridad, si se tiene un desespero por cosas materiales o si se tiene miedo del fracaso profesional o se tienen sentimientos semejantes, entonces no hay que huir, sino tener la consciencia plena y clara de su existencia, este es un camino que no parece atractivo a primera vista, porque por lo general se tiene la costumbre de estar en estándares espirituales elevados.

El sentir envidia, odio o irritación, desear mal a otro, es algo que no debería existir en una persona buena.

Pero el tener consciencia de lo que pasa es solo la mitad del camino, la otra mitad es no permitir que lo anterior envuelva un sentimiento de culpa, hay que ver esos sentimientos y su origen, la manera en la que se desarrolla y finalmente cesan sin que se pueda identificar la esencia.

Es ser un testigo imparcial de lo que se observa, sin

juzgar ni alabar nada, al final esta actitud va a permitir apegarse cada vez menos a los deseos y verlos como algo extraño y distante, a la larga va a reducir el sufrimiento aunque no se elimine por completo.

Finalmente, se tiene que hacer una importante advertencia que consiste en esto: es más fácil comprender intelectualmente lo expresado en este capítulo y en todas las verdades, pero descubrirlo y experimentarlo es un poco más complejo.

Precisamente por eso es que toca considerar la meditación budista como el camino para recorrer, no es una solución instantánea o milagrosa, sino un aprendizaje que se desarrolla y saca el potencial que tiene cada uno y lo ayuda a liberarse de la culpa y la pena.

VERDAD NOBLE #4: LA VERDAD DEL SENDERO

Marga, esta es la última y cuarta de las Nobles Verdades del Budismo, la cual tiene por nombre: Noble camino óctuple, se representa por estos ocho postulados:

- Comprensión.
- Pensamiento.
- Palabra.
- Acción.
- Ocupación.
- Esfuerzo.
- Atención.
- Concentración.

Todas las acciones que se han tomado deben realizarse del modo correcto si se quiere lograr el Nirvana, es la manera de recorrer perfectamente el Noble camino óctuple para poder lograr la paz interior, en definitiva las cuatro nobles verdades del Budismo se configuran para ir en el sendero al Nirvana, siendo el recorrido que hizo Buda para poderlo alcanzar y dejar atrás cualquier clase de sufrimiento relacionado con la existencia humana.

LAS CADENAS DE CAUSALIDAD

Los antiguos budistas enseñan que existe una razón para que de manera permanente se nazca, envejezca y muera. Hay unas cadenas de causalidades, formada por doce eslabones que se originan de manera dependiente y mantiene aprisionada la existencia cíclica.

Es importante conocer estos doce vínculos en profundidad para cortar las ataduras que amarran al sufrimiento.

Los doce eslabones, se dice que se originan de manera dependiente, lo primero que hay que hacer es investigar qué es la dependencia, esta consta de tres niveles.

Existe un primer nivel de originación dependiente,

relacionada con la ley universal de Causa y Efecto: hay causas que ayudan y dañan en cierto modo, los fenómenos se producen porque se dan condiciones específicas que tienen la potencialidad de originar fenómenos específicos.

Hay un segundo nivel de originación que es más profundo, este se aplica a todos los fenómenos: es el establecimiento de los fenómenos dependiendo de sus partes, no hay ningún fenómeno que no tenga partes y por lo tanto cada fenómeno es designado en dependencia de sus partes.

Finalmente hay otro nivel todavía más profundo, es el hecho de que los fenómenos son designados por términos y conceptos en dependencia de sus bases de designación; cuando se busca un objeto entre sus bases de designación no se puede encontrar el objeto designado por lo que se ha de concluir que los fenómenos se originan dependientemente, designados en dependencia de sus bases de designación.

Los doce vínculos

La ignorancia

Dentro de este contexto la ignorancia es no saber, no conocer la raíz samsara y no conocer la naturaleza real de los fenómenos.

La ignorancia aparece representada por un anciano que es ciego y cojea con un bastón.

Dado que la ignorancia es débil en el sentido de que no tiene una cognición que sea válida, la persona cojea y se apoya en ese bastón.

La acción

La volición, esta aparece simbolizada por la figura de un alfarero, este toma barro y lo transforma en un nuevo elemento, de manera casi igual cada acción desencadena una secuencia que lleva a nuevas consecuencias.

Asimismo, el alfarero pone en marcha ese torno, el cual va a girar durante el tiempo necesario y sin mucho esfuerzo; así un ser vivo actúa y crea una predisposición en la mente, esta posee el potencial para continuar sin obstáculos hasta lograr el efecto.

La conciencia

Se simboliza por un mono. En la mayoría de los sistemas budistas se propone la existencia de seis tipos de conciencia, la imagen a menudo es la de un mono que salta de una ventana a otra de una casa. Este símbolo es la imagen de la visión única de la conciencia.

El nombre y la forma

Su nombre se refiere a los cuatro agregados mentales de sensación, discriminación, factores composicionales y conciencia.

La forma es el agregado de los fenómenos físicos y se representa por la imagen de personas navegando en una barcaza.

Las seis esferas sensoriales

Este es el quinto vínculo, son los impulsos internos de la conciencia: los ojos, la lengua, la nariz, los sonidos mentales y el cuerpo.

Se simbolizan mediante una casa vacía porque en términos de nacimiento, los órganos se están formando y aún no empiezan a funcionar.

El contacto

Se representa como un beso puesto que se refiere a un encuentro con un objeto, la conciencia y el poder sensorial.

Con este contacto se distingue al objeto como algo que gusta, agrada, es neutro o desagradable.

La sensación

Se trata de un factor mental que experimenta sensaciones placenteras, neutras o dolorosas.

Su símbolo es el de una flecha clavada en un ojo porque cuando se habla de los ojos, incluso algo insignificante puede causar una gran sensación.

Apego y aferramiento

El vínculo Octavo y vínculo noveno, representan los deseos, lo que se diferencia en su grado de intensidad. El aferramiento es más fuerte que el apego.

La existencia

La imagen es la de una mujer embarazada, dependiendo de la forma y el nombre, las esferas sensoriales, la sensación y el contacto, se genera un apego por estar cerca de objetos agradables.

El apego y aferrarse aumenta el potencial kármico de manera que se convierte en causa de una nueva vida.

El nacimiento

Representado por una mujer dando a luz. El karma ya a estas alturas se ha actualizado y da a luz una nueva vida.

Envejecimiento y muerte

Es el duodécimo vínculo.

Luego de ver estos y entender lo que se quiere decir cuando se habla de dependencia y cuáles son los doce vínculos, se puede entender entonces cómo se permanece en la existencia cíclica.

- Los sufrimientos no deseados de envejecer y morir se producen dependiendo del nacimiento.
- El nacimiento se produce dependiendo del nivel potencial de acción que se denomina existencia.
- La existencia se produce de acuerdo al aferramiento.
- El aferramiento se produce de acuerdo al apego que se tenga.
- El apego se desarrollar de acuerdo a las sensaciones.
- Las sensaciones se dan de acuerdo al contacto.
- El contacto se da de acuerdo a las seis esferas sensoriales.
- Las seis esferas sensoriales se dan dependiendo del nombre y la forma.
- El nombre y la forma se produce dependiendo de la conciencia.

- La conciencia se da dependiendo de la acción.
- La acción se da dependiendo de la ignorancia.

Para ponerle fin al samsara, el ciclo de existencia condicionada, se ha de conseguir rompiendo la cadena de los Doce Vínculos, si se consigue cortar, entonces se habrá logrado la liberación.

7

EL NOBLE CAMINO ÓCTUPLE

*E*s momento de comenzar a interpretar el sentido de este camino, no como un camino que se va a recorrer dejando atrás las etapas y llegando al final tal como se ha partido, tal vez un poco más viejos, a una meta donde se recogerán los frutos o recompensas del esfuerzo.

Más bien se debe tomar esta enseñanza como esa metáfora del viaje donde el viajero emprende el camino con el deseo de llegar a un puerto, puede ser Itaca, y es con la experiencia de ese viaje que se transforma y enriquece y al llegar ya no es necesario tener premio alguno.

La isla hacia la que se parte fue la excusa, pero fue dándose el viaje que comprendía, cambiaba y abría el corazón y la mente y transformaba la experiencia en la meta verdadera.

Se debe usar la base de esta exposición en la forma en que Sangharakshita ha traducido y explorado la enseñanza que se puede conseguir en español con el nombre "Budismo para principiantes y maestros".

Dice el autor que este camino tiene dos partes, la primera es la de Visión y corresponde la primera de las ocho etapas y la segunda es la de transformación y abarca las otras siete etapas.

Las ocho etapas de liberación

Primera: La Visión Perfecta

Esta es la primera parte del camino y la primera etapa, tiene que ver con la intuición espiritual. Al referirse a ella se está marcando una experiencia y no es un mero acercamiento al intelecto. Por medio de esta visión, intuición o experiencia sobre cómo son las cosas que se comienzan a decidir o comenzar el viaje.

Al no tenerse esta intuición nada ocurre y es en la medida que esta experiencia es más fuerte y penetrante que permea todo el ser, se transforma en emoción, el habla y cada cosa que configura el ser, hasta que al final se emerge renovado y con la conciencia llena de luz, con compasión y libertad.

Es entonces que la visión de la existencia es perfecta, completa y sin tachaduras.

La intuición inicial transforma en alguna medida, las distintas partes de nuestro ser, es una transformación que hace que la visión sea más clara y profunda y esto la ayuda a aumentar.

Se ve que el camino espiritual no es un mero camino de seguir reglas, no es adoptar creencias. Sino que empieza del vislumbre de los impulsos y surge de muchas maneras.

Puede ser de una situación dolorosa, como perder a una persona que se quería.

Buda no conseguía sentido a su vida y por eso un día comenzó a buscar la plenitud y la intuición inicial iluminó toda su conciencia. Esto le reveló que cada ser humano podía intuir, cambiar, llenarse de luz y también se dio cuenta de lo difícil que esto era y tomó la decisión de enseñar el camino de ese sendero.

Hubo algo que dejó claro, él solo podía señalar el

camino, cada quien tenía que emprenderlo por su cuenta.

Lo señaló de muchas maneras, con métodos para el desarrollo de la consciencia humana y con conceptos para acercarse a la visión de la existencia que había realizado.

Uso metáforas, mitos, símbolos, y dio su ejemplo.

Segunda: La emoción perfecta

Solo cuando se sabe lo que se intuye en relación a la verdad de las cosas, entonces se entra en el Yo emocional y se puede pensar en transformación.

Para la persona que se ha vuelto un Buda con su visión de existencia totalmente abierta, la transformación también es perfecta. Se elimina todo rastro de deseo neurótico, crueldades y odios.

Por otro lado aparece el amor, la alegría, la compasión y una generosidad ilimitada con una profunda tranquilidad.

Este es un camino de entrenamiento, quien empieza tal vez apenas vea un vislumbre, en este momento es el intento de llevar al corazón lo que se sabe mentalmente, esto no es nada sencillo, los mismos aspectos de la emoción perfecta son los que tienen que entrenarse.

La generosidad, DANA: es la cualidad básica de un budista, es un sentimiento de querer dar y compartir y es una buena señal de que el apego y los deseos han mermado.

Si se miran los textos budistas esta es una cualidad muy desarrollada y se muestra así:

- Dar cosas materiales.
- Dar atención, energía y tiempo.
- Dar conocimiento, saber y cultura.
- Infundir valores.
- Darse a sí mismo.
- Dar el Dharma.

El amor METTA es poderse hablar de amor o poder ampliar el vocablo y pensar en la emoción positiva y creativa en vez de la reactiva.

Se tienen dos cosas, una es que se deja de ser víctima de las circunstancias y de las reacciones habituales y la otra es que se tiene un efecto de sosiego en las agitadas aguas.

Aquí no se deja la emoción de amor y bondad para

que surja solo una sino que se cultiva y este tipo de práctica es una herramienta para transformar la espiritualidad en sí misma. Hay una meditación para este fin se llama Metta Bhavana.

Compasión Karuna, la compasión no es un sentimiento de lástima por la desgracia ajena, sino es el amor que se convierte cuando se está frente al sufrimiento.

No solo ese sufrimiento, cuando se ve un niño con hambre, sino ese sufrimiento de una mente con ira, cuando se ve a gente sin paz, acosado por envidia o celos.

Tener compasión en nosotros desarrolla las cualidades espirituales.

Alegría empática MUDITA, es la alegría que se siente por la felicidad de otros. En esta vida todos buscan la felicidad y muchas veces se piensa que si de verdad se pudiera ser feliz con los éxitos y alegrías de otros la fuente de felicidad sería infinita.

Tranquilidad Upeka, cuando se habla de ecuanimidad, es importante saber que no es equidistancia, no es un estado de que te dejen en paz sino es algo positivo y lleno de vitalidad en el que se va suavizando el sentido egoísta y aparece la dicha y la paz, ya sea a la propia persona o el entorno.

Incluso en espacios hostiles se siente la tranquilidad, ecuanimidad y la paz.

Esta etapa de emoción perfecta es revisar si se van dejando cosas atrás, si se ha abandonado algún hábito, se es más amistoso y tranquilo.

Es una etapa para ir dejando cosas y mejorando.

Tercera: El habla perfecta

Hablar es algo maravilloso, pero se usa de manera tonta. Los textos budistas reflejan el tema del habla perfecta y se describe como un habla que es verdadera, afectuosa, útil, que fomenta la concordia la armonía y la unión.

Cuando se trabaja con el habla y la comunicación pronto se descubre que lleva directamente a:

La atención consciente y la claridad mental. Sin desarrollar esto, es imposible que se pueda tener un habla veraz.

Requiere de autoconocimiento, cuando se conoce bien, así sea un poco, se sabe lo que hace que todo se mueva.

También cuando se conocen las preferencias y prejuicios, y las proyecciones e introspecciones.

Se deben conocer los hábitos propios y sociales, el habla superficial, el chisme, la crítica y la murmuración.

El habla veraz abre puertas hacia dentro y hacia afuera, es de las etapas más importantes para crecer e iluminarse. Hay mucha energía atrapada en el habla y puede condicionar de forma creativa o negativa la conciencia.

Cuarta: La Acción Perfecta

¿Qué hace que las acciones sean correctas o no lo sean? ¿Hay un criterio universal?

La cuestión de cómo actuar de la mejor manera, cuál debe ser el criterio, el principio orientativo de la acción, esto surge de manera inevitable.

Según el Budismo lo que hace una acción ética o no es el estado de la mente con el que se hace.

Si la mente se basa en odio se entiende como odio, como los estados mentales negativos que se incluyen en esta fea emoción.

Si se hace con avidez, se entiende como la avaricia y

los estados de deseo neurótico, descontento con todo, ansiedad, envidia...

Si se hace con ignorancia, entonces no se refiere a la ignorancia académica o falta de intelecto, sino a la de no saber cómo son las cosas, al meter la cabeza en la tierra como el avestruz.

Si se hace bajo estas emociones entonces es como diría el Dharma: torpes.

Pero si se hacen basadas en:

Metta, son los estados mentales creativos, bondadosos, amables y claros.

Con generosidad, es tener en cuenta a otros que no es realmente tenerte en cuenta a ti, es ser desprendido, tranquilo con lo que se tiene, estar dispuesto a dar y darte.

Si se hace con sabiduría este es un término igual a iluminarse pero que para nosotros tiene que ver con ofuscación.

En la tradición budista no se habla de algo bueno o malo que denotan lo moral, sino los términos Kusala de hábil o Akusala de torpe, que señalan sabiduría o falta de esta.

Quinta: subsistencia perfecta

A Buda le interesaba el mundo, nunca fue de oídos sordos a lo que pasaba en su sociedad, aunque en términos de política era bastante sencilla en su tiempo, él no dijo mucho pero habló de los temas relevantes para el mundo en el que vivía.

Dijo que nadie es noble por su razón de cuna sino por sus actos. Habló de los aspectos filosóficos en boga como la existencia de un alma en cada ser que no se sujetaba al cambio y la creencia de un principio o dios creador.

Algo de lo que habló fue de la subsistencia.

Para el budista actual lo mejor es la democracia, la separación del Estado y la institución religiosa, una libertad que permita a cada individuo tener sus creencias propias.

Una persona que está en el proceso de alcanzar el desarrollo espiritual con el Budismo no debería trabajar en:

- Tráfico de personas o animales.
- La matanza y crianza de animales para el consumo.
- Fabricar o vender armas.

- Fabricar o vender venenos.
- La farándula.
- Ganarse la vida prediciendo el futuro.

Se tiene que tener en cuenta en dónde se invierte el dinero, a lo mejor no se trabaja haciendo armas, pero el banco donde están los ahorro sí.

A lo mejor la marca de ropa que se usa, utiliza cierto esclavismo para su producción.

No es solo trabajar en sí mismo, sino no contribuir con personas o entes que degraden el mundo. Para ello es necesario tener conciencia de la posible colaboración pasiva.

En esta etapa también hay que ver dónde han quedado los sueños, ver si se tiene tiempo para la cultura, para el altruismo y para todo lo que pueda darle más valor a la vida.

Sexta: El esfuerzo perfecto

En muchas ocasiones cuando se piensa en esfuerzo se relaciona con el tipo de actitud que se ha de adoptar para poder hacer aquello que no se quiere.

Esta y otras asociaciones lleva a tener una relación desagradable con el esfuerzo.

En el contexto del camino óctuple se utiliza el vocablo VYAMA y su significado es ejercicio físico y se relaciona con la gimnasia.

Esta palabra indica que la vida espiritual es una vida activa, incluso es dinámica, esto significa que no se tienen que estar haciendo las cosas frecuentemente o con apuro de ir de un lado a otro, es estar mental, espiritual y estéticamente activo.

La vida espiritual no es estar echado en un sofá leyendo y estudiando. El Budismo exige esfuerzo y vigor, sin importar la edad o el estado del cuerpo, es un esfuerzo dividido en dos aspectos: uno general que va con el esfuerzo que ha de realizarse en cada etapa y otro que es específico.

El esfuerzo específico consiste en cuatro ejercicios:

- Prevenir.
- Erradicar.
- Desarrollar.
- Mantener.

Prevenir es algo más práctico que filosófico, se está en contacto con las cosas todo el tiempo. Se ve algo que gusta y se desea, o se ve algo que incomoda y se siente enfado.

En esta parte se debe ejercitar la relación con los objetos de los sentidos y con la mente inferior, hay que darse cuenta de lo que se ve, oye, y piensa y el efecto que causa.

Erradicar es ver las cosas que impide tener lucidez y meterlo en la lista de los 5 obstáculos: deseo; odio/rechazo; pereza/letargo; ansiedad/ desasosiego; duda/indecisión.

Son estados mentales torpes que en una medida o en otra están en la mente y se deben erradicar.

Desarrollar es ver los estados hábiles no como buenos pensamientos sino como estados más refinados o superiores de conciencia a los que se puede tener acceso con el ejercicio de la meditación, situada en un contexto de práctica espiritual.

La meditación es el camino perfecto para estar sobre estas experiencias y conseguir sosiego e integración psíquica.

Mantener es cuando se previenen el surgimiento de los estados torpes y cultivando estados hábiles y manteniendo los estados mentales positivos que se han podido desarrollar.

Es seguir adelante, desarrollando conciencia y atención, ser constante es la premisa en esta etapa, y ser amable consigo mismo.

Séptima: La Atención Perfecta

SMRTI, significa en sánscrito atención o atención consciente, el significado literal es recuerdo o memoria.

La no atención consciente es un estado de falta de memoria de distracción de falta de concentración o muy pobre.

La atención consciente tiene las características opuestas, es darse cuenta de las cosas, recordar en vez de olvidar, no existe tanta dispersión, es buena, tiene continuidad, constancia y se ve por sí misma y se persigue el desarrollo.

Se puede examinar la atención consciente y los niveles y aspectos de cerca para comprenderlo y practicarlo mejor:

Atención consciente de las cosas: Hace referencia al entorno material y de la naturaleza. Muchas veces no se es totalmente consciente de lo que rodea el entorno. Además de falta de tiempo esto es falta de interés.

Hay que aprender a ver, aprender a mirar, con

consciencia, tener receptividad, así se entrará en comunicación con la vida y se saldrá más creativo y rico.

Atención consciente en sí mismo: como se es complejo, la mejor manera de mantener la atención consciente en sí mismo es atendiendo los niveles del ser:

- Atención consciente del cuerpo.
- Atención consciente de los sentimientos.
- Atención consciente a los pensamientos.

Las mejores herramientas para transformar el ser.

Atención consciente en los demás: muchas veces ni se ve ni se escucha a los demás.

Se debe empezar a ver al otro, conectar, al menos con los sentidos. No se debe escuchar pensando en lo que se va a contestar, sino teniendo apertura y captando lo que dice.

Atención consciente de la realidad: cuando se habla de realidad se refiere a las cosas materiales, la vida ordinaria, las cosas del mundo que parecen reales.

Aunque para el Budismo todo lo que parece real en sí mismo es ilusorio y la realidad tiene más que ver con el propio potencial, con las cualidades espirituales de la sabiduría y la compasión.

Octava: el SAMADI Perfecto

Significa estado del ser firmemente establecido, se puede entender de dos maneras:

La mente establecida solo en un objeto, esto tiene que ver con la concentración mental meditativa y por el otro, yendo más lejos, es el establecimiento del todo, el ser en cierta disposición de consciencia, la cual sería Samadi en el sentido de iluminación.

Samadi es la etapa del Noble Camino Óctuple, donde se sale con la transformación completa y perfecta en todos los niveles del ser.

Es el triunfo de la visión perfecta, este es un camino de práctica y en este caso Samadi se relaciona más con la concentración meditativa que lleva al sosiego y la quietud y las realizaciones espirituales.

Llevando las experiencias a la transformación del Samadi.

8

LOS CINCO FACTORES DE CONTROL

EL PODER DE LA FE SADDHA

La primera de las hermosas cetasikas es la fe, tiene la característica de poner fe o de dar confianza, la función es la de aclarar, ya que una gema limpia el agua y hace que el agua turbia se aclare.

El poder de la fe o Saddha, no es fe ciega, es confianza, hay Saddha con dana, con sila y con bhavana, no puede haber bienestar sin fe.

El Poder de la Energía

La salud depende de un estado mental de calma, de la ausencia de miedos, de emociones aflictivas y de sufrimiento.

Para lograr uno de los controles del Budismo se debe

acudir a la energía superior por medio de la visualización de seres iluminados y recitando mantras, esto ayuda a generar un estado adecuado previo a una terapia. Especialmente acudiendo al Buda femenino Tara.

Tara nació de las lágrimas de Chenrezing, el Buda de la compasión, quien abrumado por la dificultad de conducir a los seres fuera del samsara, veía flaquear sus fuerzas para cumplir sus objetivos.

Frustrado empezó a llorar y de esas lágrimas nacieron taras de colores blanco y verde que le dieron el apoyo para lograr su meta.

Tara representa las habilidades de todos los Budas, con ella se puede lograr la guía y la energía para alcanzar el éxito.

El Poder de la Atención Completa

Se tiene poco tiempo, si en la vida ordinaria se pone la atención en cualquier parte y no en los objetivos importantes para cumplir los propósitos.

La atención completa es adquirir la conciencia clara y unificada de lo que realmente es cada uno de los momentos sucesivos de percepción. Se le llama completa o pura porque se encarga de los hechos escuetos de una percepción.

Se tienen cuatro fuentes de atención completa:

- Las funciones de ordenar y denominar, efectuadas por la Atención Pura.
- Procedimientos no violentos y no reactivos.
- Capacidad de detención y ralentización.
- La rectitud de visión proporcionada por la atención pura.

La mente tiene desordenes, muchas veces se instalan pensamientos que son muy vagos y no llegan a ser probados en un nivel más alto de conciencia, porque son tan fatuos que solo están allí para hacer ruido.

Otras veces hay proyecciones confundidas, pensamientos y sentimientos más significativos que tienen una conexión más cercana con la vida que se ha proyectado.

Hay una elevada proporción y confusión, hay muchos pensamientos sofocados y caprichos pasajeros.

Tener la claridad de los pensamientos hace reconocer que no se pueden tener dos pensamientos al mismo tiempo. La claridad no da cabida a crepúsculos, se logra tener el pie firme y una atención plena, superando los modelos mentales.

La atención pura deja abiertas las grietas en la estructura que parecía impenetrable en el proceso mental y allí la sabiduría entra con la meditación constante para romper las estructuras y lograr lo propuesto.

El Poder de la Concentración

Se dice que Buda enseñó dos tipos de meditación, la de la atención y la de la concentración.

Tanto la de la atención como la de la concentración son un todo en el Budismo. Explica que hay que poner atención en el camino y el propósito es la práctica de la atención para llevarla a una concentración correcta.

Lograr la calma, el asentamiento y un lugar para estar estable donde se puedan ver las cosas como son.

Ambas se ayudan en la práctica, esto se puede ver en las fases de la práctica de la atención dada en la meditación.

Hay que imaginar al cuerpo, la primera fase es estar

concentrado en el cuerpo en sí, apartando los pensamientos y no pensar ni siquiera en el propio cuerpo y lo que significa.

Se siente la corporeidad, esa es la referencia, se mantiene así hasta irse poco a poco calmando.

Se mantiene hasta lograr asirse a la respiración, en ese momento lo que llegue a la mente es como algo que llega a asirse de la mano y a seguir el camino.

Cuando se logra desarrollar no se puede evitar conseguir la calma y el gusto total con el cuerpo en el momento presente.

Esto es una práctica que toma tiempo, pero el poder de la concentración permite alcanzar los más altos niveles de las enseñanzas de Buda.

El Poder de la Vista Interna o Penetración

Dentro de las enseñanzas budistas, ya se sabe que está la atención plena, esta deja muchos resultados, entre ellos el poder de la Vista Interna.

La atención convencional se usa para vivir, se enfoca en el exterior, ha sido herramienta clave en la supervivencia de la especie.

La atención plena tiene un matiz más que es la llama

plena, integral y total, dirigida hacia el interior, el Budismo va enseñando una mirada interna que permite una mayor conciencia de sí misma.

Una mirada de los procesos internos del cuerpo, de las sensaciones, los estados emocionales, la manera en la que piensa y reacciona.

A medida que se crece dentro de la doctrina se puede ir más allá, hasta tener un conocimiento pleno del interior.

ESLABONES PARA LLEGAR A LA ILUMINACIÓN

Completa atención

Dentro del Budismo, cuando se logra ir trascendiendo y conociendo el sendero que llevará a la plenitud, se aprende a contemplar el cuerpo y las sensaciones.

Se conocen y se pueden trabajar los estados mentales y toda la mente, así como el pensamiento, las ideas y las aspiraciones.

Se aprende a tener una plena consciencia de ellas y se le presta una atención completa de manera de poder controlar la codicia y el abatimiento común en el mundo del cual se es víctima cuando no se hace una introspección y aún no se aprende a dominar.

Muchos maestros de meditación le piden a sus alumnos que pongan la atención en su verdadera naturaleza, esto causa varias cosas, primero los estudiantes desarrollan un dolor más fuerte y se hace distracción. El fin es que se mantenga hasta que se vaya el dolor, lo malo es que ese dolor puede prolongarse mucho tiempo.

Además los estudiantes tienen que poner más rígida la mente y endurecerla para ver la tensión. Los estudiantes comienzan a tener una mente endurecida cuando aparece el dolor, esto es natural, ya que implica coraje y fortaleza el hecho de ver el dolor de esta manera.

Esto puede causar un endurecimiento en la personalidad, y ahí salen los problemas reales, cuando esto sucede muchas personas deciden tomar un retiro de amor y amabilidad porque descubren en este proceso que tenían y hacían cosas que no eran muy agradables para otras personas.

La completa atención permite que se pueda conocer totalmente lo que se es y lo que se puede hacer para mejorar y ser mejor cada día.

Investigación del Dharma

El propósito es lograr romper con las adicciones,

todo aquello que esclaviza a las manifestaciones de las realidades construidas donde hay una experiencia vicaria de los sentidos.

Es salir de esos mundos fabricados e impermanentes, que enferman y alejan del Yo. Se relaciona con todos los deseos, las manifestaciones banales y las adicciones de cualquier tipo.

El Budismo y el Dharma, son el Camino que termina los deseos vehementes y el buscar estos estados de existencia que son falsos.

Con la investigación del Dharma se puede conseguir el estado verdadero de la realidad y acabar con los estados de sufrimiento y angustia, llegando el renacimiento. El final de todo lo que es creado, no es permanente y enferma.

Se renuncia a todos los deseos, las acciones y los impedimentos, se destruyen, desechan y abandonan para lograr el Nirvana, la inmortalidad, el estado permanente verdadero. La única realidad verdadera.

La energía del esfuerzo

Hacer un esfuerzo es movilizarse con los recursos propios de cierta actividad.

Un esfuerzo, es emplear potencia para conseguir

objetivos, manejar un nuevo idioma, ordenar la habitación, terminar un proyecto, etc.

La motivación ayuda a que el esfuerzo actúe. El esfuerzo brota natural cuando se quiere lograr algo.

Es muy distinto a forzarse, que es un esfuerzo con crispación, excesivo y sin nada de motivación, ese no es el que busca el Budismo.

Forzarse es una presión extra, un esfuerzo artificial donde el esfuerzo natural no está, es exceder la maquinaria, es algo disfuncional e insano.

Es una creencia del exterior que ha confundido las palabras y se dice que si no se hace no se merece lo que se vale, es intentar hacer algo con la fuerza que no se tiene, porque se quiere a pesar de todo.

Es también la falta de escucha de sí, es hacer tareas que no se quieren y se hacen porque no hay autoconocimiento.

La meta es lograr que la energía del esfuerzo se canalice de acuerdo a las capacidades de cada quien, para conseguir los objetivos, por ejemplo en la meditación, ir canalizando y avanzando el camino de acuerdo a la capacidad propia, sin forzarse a lograr más allá, esto no dará resultado, dejará el agotamiento y la depresión por no lograr los objetivos.

Deleite

Cuando se logra avanzar en el proceso de crecimiento en el Budismo se va creando un deleite por conocerse cada día más e ir desprendiéndose de cada una de las emociones, las aferraciones y los apegos.

Logrando alcanzar un estado de tranquilidad, seguridad y plenitud, un sendero más en el gran camino al Nirvana.

Tranquilidad

Se practica la tranquilidad hasta lograr los objetivos de la absorción y la concentración mental.

Cuando se hace se logra alcanzar finalmente el nivel de sabiduría. Para poder cultivar esta práctica en el Budadharma se ha establecido una serie de métodos para que se pongan en práctica.

Las personas tienen diversas necesidades basadas en diferentes circunstancias. Este es un método secuencial de práctica que está diseñado para las diversas necesidades de los seres sensibles.

Nuestra mente muchas veces puede estar agitada

sobremanera, en este estado es fácil ser afectado por las cosas que se encuentran en el exterior.

Las mentes son arrastradas por los estímulos de las situaciones en las que se encuentra, incluso si se desea progresar más en la práctica, va a ser casi imposible generar sabiduría con una mente que esté convulsa.

Por eso la tranquilidad es esencial para lograrlo, se tiene que aprender a serenar la mente, con la práctica se desarrolla la concentración enfocada en un punto, así se saca la mente del estado dispersa y ordinario.

Se puede elegir un objeto particular y se pone el enfoque en él, así se va logrando la quietud poco a poco, este es el enfoque básico de la tranquilidad.

Concentración

Cuando se está cuidando la mente, el cuerpo y la conducta en la vida diaria, se están cultivando actitudes sanas, se descubren que aunque todavía se tengan pensamientos que vaguen, los acontecimientos fluyen mejor gracias a la meditación.

Los pensamientos saludables encaminan a la concentración o Samadhi, cuando no se cuidan entonces los pensamientos que surgen en la meditación son insanos, son pensamientos que tienen poder negativo que impiden desarrollar la concentración.

Se vuelven obstrucciones y no se cultiva el cuerpo y la mente estable y relajada.

Los preceptos generan concentración, no significa que si se practican de una vez se logrará el samadhi, sino que la práctica del estilo de vida estable puede dar la base para cultivarlo.

Ayudando a progresar en la práctica mental, se puede considerar la práctica de estos: preceptos, concentración y sabiduría, para fortalecerse mutuamente.

Cuando el precepto es puro y el estilo de vida saludable entonces la meditación y la concentración son fuertes.

La concentración genera sabiduría, cuando se tiene una base de concentración se puede cultivar la sabiduría, esto se hace por medio de los principios del Dharma y su contemplación.

En este proceso se reflexiona detenidamente sobre el

Dharma o se experimenta directamente en la realidad que describe el Dharma.

Ecuanimidad

Cultivar la ecuanimidad no insensibiliza. No hay que preocuparse no se va a seguir cambiando de estado de ánimo. Hay momentos donde se sentirá en la cima y otros que se va a un abismo.

El entrenamiento de la atención, la concentración y la visión profunda por medio de la meditación ayuda a evitar que las emociones extremas anulen el juicio y el control de las reacciones, claro se va a sentir también la emoción, pero sin ser esclavo de ella. Allí está la diferencia.

Hay personas que confunden el estado de ecuanimidad emocional con la indiferencia, pero esto no es así. Se trata de dos actitudes diferentes.

La indiferencia impide una captación clara del estímulo, ya que al haber sido clasificado como poco importante la atención no se enfoca sobre él. Por lo tanto no hay reacción.

Lo indiferente no hace reaccionar, al contrario, la ecuanimidad impide una reacción apresurada, automática y ciega, la ecuanimidad proporciona al sistema nervioso un mecanismo de verificación y un sistema de autorregulación que impide respuestas extremas y con poca adaptación a la realidad.

Este es un estado de ecuanimidad generado por la meditación Zen, no es de ninguna manera una falta de actividad emocional, sino un estado de equilibrio entre los polos opuestos de toda actividad emocional.

10

LOS 10 ESLABONES QUE ENCADENAN A REALIDADES ARTIFICIALES

*E*stos son los diez eslabones que encadenan a realidades artificiales, precisamente las que todo budista desea alejar:

Las creencias e impulsos de una personalidad individual permanente, alma o yo

En su momento se abordó que los impulsos no dejan nada bueno, el ser impulsivo es actuar sin sopesar las consecuencias, esto puede arruinar años de preparación.

Asimismo las creencias erradas que no se sueltan afectan la vida en general.

No se necesita a un Dios ni imperativos que se derivan de este concepto.

Los ateos son quienes más hablan de religión y esto aleja de la conexión con el Yo, la búsqueda de un crecimiento y por supuesto de las doctrinas del Budismo.

El apego a interpretaciones o percepciones, ritos, rituales, dogmas y supersticiones erróneas

Los apegos afectan la vida diaria, aferrarse a los objetos materiales, tener interpretaciones propias que se mantienen con terquedad, y percepciones propias acerca de determinados temas de la vida, son supersticiones que no combinan con la filosofía budista y al contrario aleja a la persona de ella.

Esto no es inofensivo, al contrario, afecta el Yo, y lleva a realidades artificiales que mantienen lejos a los objetivos de alcanzar el Nirvana.

Cada quien tiene la elección de creer lo que desee, como se dijo al principio, en el Budismo no se evangeliza, sino que se enseña el camino y depende de las elecciones de cada quien, tomarlo o no.

Las dudas y la confusión

La duda y la confusión no permiten que la mente y el espíritu se abran al conocimiento.

Se encuentra dentro de las acciones torpes, ser

budista es comprender las cuatro Nobles Verdades, para aprender a superar las emociones que puedan estar causando la confusión y la duda, es llegar al conocimiento, aceptarlo y avanzar.

Los deseos de los sentidos, la lujuria y las ambiciones

La sexualidad es ampliamente aceptada en el Budismo, lo que no es aceptado es una conducta lujuriosa y que provoque algún daño contra otra persona, como la pedofilia, la violación o el adulterio.

Los deseos de los sentidos tampoco son permitidos, así como las ambiciones. Un budista suelta, no se aferra porque aferrarse es sufrir.

La meditación y todas las técnicas de esta doctrina no conciben ninguna de las acciones de este punto.

La antipatía, las aversiones, el odio, la malicia, el deseo enfermizo, la malevolencia y el despecho

Ser antipático, tener odio, malas intenciones, deseos obsesivos, despecho, maldad, nada de este tipo de emociones tiene conexión con el Budismo.

La energía se mina cuando se siente de este modo, al principio puede crear falsas realidades que dan energía, pero lo que realmente hace es consumirla a grandes cantidades, libera y no repone, dejando un vacío al final, un decaimiento y una falta de fuerza.

La lujuria y los deseos por perpetuar las formas de Materia en buen estado de aquí en adelante

Así como se reflejó lo malo que es tener lujuria, también lo es aferrarse a lo material, las formas de Materia perpetuadas.

El Budismo ayuda a que se entregue todo para lograr la iluminación, no hacerlo causa dolor en la yoidad y el apego.

Esto termina causando el estar con la mente puesta en la materia que es esencialmente ilusoria.

Perpetuar las formas no combina con la doctrina.

La lujuria y los deseos por perpetuar las no formas y el más allá de lo que no es la Materia, de aquí en adelante

La meta es poder destruir estos deseos que encadenan la manifestación de las realidades, que se construyen en dominios fabricados e impermanentes.

Esto causa enfermedad y aleja al Yo.

Los Puntos de Vista incorrectos de las ideas y conceptos más el orgullo y la arrogancia, declarando, "Yo soy el hacedor"

Como seres humanos se tienen muchas maneras de pensar y creencias. Se es ignorante de lo que no se sabe. Hay que adoptar la humildad para aceptar cuando se desconoce algo y no se puede imponer la idea que se cree real, así lo sea, esto genera arrogancia y es una emoción que no encaja con el Budismo.

La excitación por las construcciones y el perpetuar las realidades artificiales, la Desilusión e Ilusión Propia

No hay duda de que las realidades artificiales no llevan al Nirvana ni acercan siquiera a la introducción del Budismo.

Perpetuarla es ser terco a lo que no concuerda con la doctrina de Buda. Al contrario lleva a la desilusión y el sufrimiento.

La adición al fingimiento propio y al estado completo de Ignorancia Propia

Estos lo hacen algunas personas como necesidad de

ilusionarse con realidades artificiales e individualidades que aunque se vean reales no lo son.

La hacen necesarias para no ver lo que no es permanente. No ver la enfermedad, lo que perece en poco tiempo en las sociedades, todo lo que afecta y condiciona en la existencia ficticia que a veces se desea cuando no se ha conseguido el Yo.

CONCLUSIÓN

El budismo puede cambiar la vida de manera profunda.

La mayoría de la gente tiene un concepto prefabricado sobre el Budismo pero nunca se ha preocupado más por ello. No se dedica a profundizar en los grandes conocimientos que alberga.

De seguro luego de recorrer esta experiencia le sorprendió gran parte de la gran profundidad del Budismo. Más sorprendente es que este trabajo es apenas un abreboca a lo que es el budismo en su totalidad.

La esencia del Budismo es valiosa y se debería considerar para las enseñanzas.

El objetivo no es que el que está aquí se haga budista, pero sí que se le de valor a la idea de abrigarse a los principios básicos.

El mundo está en constante cambio, antes la gente se preocupaba por sobrevivir, ahora esto no es así. Esto es porque en parte se cree en lo positivo, pero también en lo que se ha perdido.

El mundo consumista que hay ahora ha cambiado todo y la gente siempre anda sedienta de más, quiere autos nuevos, casas más grandes, ropa de la temporada, los teléfonos más novedosos aunque hagan lo mismo que el del año anterior.

Se tiene la superficialidad de preocuparse por la estética, lo malo es que se lleva a un punto obsesivo, queriendo tener la piel perfecta, el mejor cuerpo, y aparecen los complejos y esto lleva a la infelicidad y aparece el sufrimiento y la insatisfacción.

El budismo fortalece y se aprende a ser más feliz.

Se espera que con la experiencia que acabamos de pasar se aprenda a disfrutar más de la vida y considerarse la riqueza del budismo y todas sus doctrinas, no es necesario hacerse budista para aplicar algunas de sus filosofías a nuestra vida.

SANACIÓN POR CRISTALES

LA GUÍA DEFINITIVA PARA PRINCIPIANTES: DESCUBRE EL PODER DE LOS CRISTALES CURATIVOS, PIEDRAS Y MINERALES PARA LA SALUD Y LA FELICIDAD

INTRODUCCIÓN

La sanación con cristales tiene raíces ancestrales y desde siempre se han conocido sus propiedades sanadoras y benéficas.

Hubo incluso cultos a las piedras preciosas y todo por las propiedades que cada una de ellas tiene. Actualmente se valoran por la belleza o su exclusividad más que por sus efectos en nuestro entorno.

Dentro del reino de la naturaleza se encuentra una gran familia: humanos, animales, vegetales y minerales.

Los minerales podría decirse que también son seres vivos, especialmente las piedras preciosas que se destacan en evolución por sobre el reino mineral.

Se debe entender que un ser vivo es una entidad con conciencia, aunque para nosotros sea difícil entender cómo son otras conciencias que están en estados alejados de nuestra perspectiva humana.

Dentro del reino animal se encuentran muchos tipos de cristales y cada uno tiene unas cualidades especiales distintas al resto. Tener el conocimiento de estas propiedades puede sernos de gran ayuda para potenciar o sanar distintos aspectos de nuestro ser.

En la sanación con cristales se utilizan sus propiedades de absorción y concentración de la energía que hay alrededor. Lo más interesante es que los cristales pueden programarse de manera deliberada para que realicen ciertas funciones.

Los cristales facilitan el trabajo de sanación, protegen y llenan de armonía.

Ya estamos claros de que los cristales no solo son un elemento de la naturaleza. A través de la sanación con cristales se consigue el poder de transformar y generar beneficios a todos nosotros.

En este trabajo se va a desarrollar lo que es la sanación con cristales, sus beneficios para la salud y cómo aplicarlos en la vida.

Se puede incluso decorar la casa con algunos cristales, es natural que estas piedras hermosas coloreadas formen parte de algún rincón de la casa, una estantería o donde sea, dejando al final un lugar lleno de armonía y organización.

Pero los cristales valen muchísimo más que un simple adorno. Las terapias con cristales se usan como un elemento principal para curar los dolores emocionales y físicos.

Los cristales logran que se equilibre el campo energético, debido a sus propiedades químicas y físicas, los cristales son poderosos y cargan el campo electromagnético con un alto poder vibratorio.

El profesional usa los cristales para realizar limpiezas energéticas, proporcionando mejoras en la salud y bienestar.

Conoce todo lo que puede conseguirse con los cristales y el poder de cada uno de ellos.

1

¿QUÉ ES LA SANACIÓN CON CRISTALES?

*L*a sanación con cristales o gemoterapia es una alternativa que se basa en el poder de las vibraciones que tienen los cristales, además del poder curativo de estos minerales que provienen del corazón del planeta y que se forman en el transcurso de miles de años.

El tratamiento de sanación con piedras se hace con la intención de balancear energías, promueve el cambio y manifiesta algo etéreo en el plano material.

Cada gema tiene propiedades llenas de energías particulares que afectan de diversas formas el plano físico, emocional y espiritual de la persona que las usa.

El proceso de sanación con cristales está basado en

el hecho de que todo lo que nos rodea, incluyéndonos, se compone por átomos y estos a la vez están compuestos de protones, neutrones y electrones. Todo gira y vibra en un campo electromagnético.

Cuando se usan los cristales, se introduce su vibración particular y crea un cambio en este campo energético con el que se trabaja, sea el cuerpo humano o un campo específico.

Los efectos pueden ser palpables de inmediato o quizás progresivamente y muchas veces depende de diversos factores como la intención con que se hace el tratamiento, el cristal que se elija y las terapias usadas.

Hay ciertos cristales y piedras que se usan para la sanación, el cuarzo trasparente es quizás el más conocido por su vibración única y la capacidad energética que tiene, la cual lo ha llevado a ser usado no solo para la salud alternativa sino en el diseño de computadoras, relojes y otros aparatos eléctricos.

Breve reseña de la sanación con cristales

La palabra cristal proviene etimológicamente del griego "Krystallos" que se traduce como "hielo líquido"; en China le dicen "piedra viva" y el pueblo tibetano dice que el cuarzo lleva en su interior un trozo de cielo.

Actualmente asistimos a un renacimiento de conocimientos que se han perdido, es allí donde renace la sanación con cristales, son muchas las culturas que a lo largo de la historia han utilizado las gemas con diversos fines.

Podemos encontrar las culturas de Medio Oriente, Egipto, Asia Menor, Grecia, Roma, América, entre muchas otras.

Siempre se ha asociado a las gemas con la magia y su conocimiento trascendental, aunque son muchas las culturas que usaban los minerales con fines curativos a nivel físico, como los griegos que usaban el ámbar molido y mezclado con huevos para combatir el veneno.

Ya hoy se sabe que las gemas usadas eran pocas, ya sea por lo difícil de extraerlas o por la dureza de algunos cristales que impedían ser pulidos con la tecnología de entonces. Los cristales conocidos eran en su mayoría de baja dureza.

Algunos minerales eran usados para construir monumentos sagrados como las pirámides de Egipto y otros eran apreciados por sus hermosos colores, como la cornalina naranja, o pensaban que la magia de la luz se había quedado solidificada como con los cuarzos claros, pronto empezaron a crear amuletos y talismanes para eliminar los malos espíritus, demonios y para atraer prosperidad, fuerza, salud y hasta poder asegurar el viaje de paso a otra vida.

No sabemos cómo las culturas antiguas tenían conocimiento de las propiedades sanadoras de los cristales, pero hoy en día, miles de años después, se sabe de un inmenso número de tratamientos efectivos para la sanación mental, física y espiritual.

Dentro de las leyendas más antiguas que hace mención de los cristales, está el desaparecido Continente de la Atlántida. De origen mitológico, no podemos hablar de la historia de la sanación con cristales sin mencionar el aporte que presuntamente hicieron.

Los Atlantes usaban los cristales para canalizar y aplicar la fuerza cósmica. El poder del cristal debió de servir en aplicaciones físicas y prácticas, algunos piensan que la destrucción de este continente tiene parte en el uso egoísta y errado de este poder que repercutió ante la caída de su civilización.

Grandes sabios de la Atlántida trataron de preservar

aquella ciencia heredada de sus antepasados, con el temor de que los cambios y cataclismos pudieran acabar con los archivos, optaron por no transcribir este conocimiento.

Con sabiduría programaron y determinaron cristales, almacenaron aquella información y la ocultaron en el interior de la tierra.

Sabían que en su justo momento ascenderían a la superficie y atraería a los seres humanos para canalizar y propagar el saber que almacenaron. Los supervivientes de la Atlántida reanudaron una vida nueva, repartiendo su conocimiento entre Egipto, América del Sur y el Tíbet.

En la Biblia se hace mención de un peto de doce piedras preciosas, combinadas en cuatro filas, llevado por Aarón, llenándolo de poderes divinos, aunque no se especifica qué piedras tenía, la Biblia atribuía su concepción a Dios, recalcando sus extraordinarios poderes espirituales.

Los reyes de la India, debían quedarse con las mejores gemas para protegerse de los sufrimientos. Los astrólogos la recomendaban a las personas que padecían algún mal para que pudieran contrarrestar los efectos negativos.

En la sangre real se ha caracterizado el uso de los cristales, cuando un miembro de la familia real enfermaba se le rodeaba de una colección de cristales para su sanación.

Al descubrir la tumba del rey egipcio Tutankamon, el mundo entero se quedó maravillado ante esta gran cantidad de piedras y riquezas.

Los Mayas la usaban para diagnosticar y tratar las enfermedades, en la mayoría de los poblados indios de América se usaban cristales de cuarzo transparente para ver el futuro.

Algunas tribus mexicanas pensaban que si uno no llevaba una buena vida, tras la muerte el alma moraría en un cristal. Si alguien daba con este cristal, este se ponía en comunicación directa con su corazón, curando, guiando y convirtiendo sus sueños en realidad.

Hoy se usan los cristales para emitir e incrementar la potencia en diversas energías según variados métodos. El rubí es usado en la cirugía microscópica por láser.

Los cristales de cuarzo se usan para aparatos de ultrasonido, en relojes y en la memoria de ordenadores.

A nivel espiritual las piedras y los cristales se usan en las meditaciones para desarrollar la intuición y ayuda a ponerse en contacto con seres de otras dimensiones, como nuestros guías espirituales.

Se pueden usar distintos métodos para situarse en vibraciones energéticas, por ejemplo a través de la meditación, la respiración y otras técnicas.

¿Qué es exactamente este tipo de sanación?

Para conseguir los beneficios, los cristales se pueden usar como talismanes, durante una sesión de sanación o colocándolo en lugares donde se pasa mucho tiempo como en la oficina, el dormitorio o el auto.

Se puede usar como talismán, las piedras se meten en una bolsa de seda y se carga en el bolsillo o puede coserse a la ropa interior, también se puede usar como joya en brazaletes o collares.

En las sesiones de terapia de cristales, estos se ponen alrededor y sobre la persona en los puntos de energía que son llamados chakras. Cada uno de los chakras proporciona una función y un bienestar en particular, tanto a nivel físico como espiritual y al introducirlos en su campo energético afecta estos puntos en particular.

Usualmente la terapia con cristales incluye una evaluación de cada chakra para poder determinar los cristales que se van a usar y dónde se van a colocar.

Esta es una evaluación frecuente hecha con un péndulo de cuarzo transparente, rosado o negro, se coloca encima y este va a identificar las áreas a trabajar.

Cuando los cristales se ponen en un cuarto o en el auto, se está buscando crear un ambiente energético específico, como la relajación, o para poder dormir, recuperarse de una enfermedad o para estar alerta, prepararse para estudiar o para trabajar.

En algunas ocasiones se pueden usar cristales específicos para casos aislados como un dolor de cabeza, o insomnio, colocándolos en la mesa de noche o en el escritorio.

Los cristales se pueden almacenar, transmutar y transmitir su energía, algunas veces esta energía proviene directamente del mineral y otras la piedra es un canal para lograr la energía universal.

En el momento de darle uso a los cristales para fines terapéuticos, es importante que se reconozcan los aspectos, físicos, emocionales o espirituales que se quieren tratar en cada uno de nosotros.

Al momento de escoger los cristales para balancear la energía, es importante que se use la intuición para conocer el efecto o la compatibilidad con un cristal específico, se puede sostener en la mano izquierda unos cuantos minutos y concentrarse en la reacción que causa. Por lo general son los cristales por los que nos sentimos más atraídos o que producen paz y armonía.

La terapia de los cristales se puede complementar con otros métodos alternativos como las esencias florales, reiki, cromoterapia o la meditación con ángeles y se ha usado sin presentar efectos secundarios en personas de todas las edades y condiciones físicas. Empero como en el caso de todas las sanaciones con energía, es importante entender que estos tratamientos no reemplazan el cuidado médico tradicional.

¿Por qué es importante conocer la sanación con cristales?

Los minerales están dotados de vibraciones intensas a nivel molecular, esta vibración por medio de la resonancia actúa sobre la vibración de otros cuerpos y le generan un equilibrio.

La función de los cristales y minerales es actuar en la

energía en la que la persona está envuelta, o sobre el centro de energía alterado, para poder restablecer la armonía y el equilibrio natural perdido.

La gemoterapia usa los minerales, cristales y piedras preciosas para poder sanar el cuerpo energético, con eso los minerales logran el equilibrio, la protección y armonizar y aportar claridad mental.

Las piedras y las gemas tienen que ser naturales, nada de piedras artificiales, tampoco las piedras de laboratorio o las reestructuradas. Los minerales naturales son como los seres vivos, llenos de energía, dotados de memoria y con cualidades individuales, se puede decir que son únicos y con personalidad propia.

Los minerales crecen y se desarrollan por millones de años, así que no se es testigo de sus alteraciones, esto lleva a creer que las piedras y cristales son estáticas y sin energía, ya que a simple vista parecen inmutables.

Cuando se usan los minerales para la gemoterapia se deben tener en cuenta los aspectos como la carga energética de la piedra o la memoria, por tanto se debe hacer un trabajo de limpieza y reprogramación, especialmente si estos minerales han pasado por un proceso de pulimento, tallado o cualquier intervención.

En la naturaleza se encuentran minerales de diversas formas, geodas puntas, hexagonales, con facetas, se le cambia la forma para aumentar su belleza, poder o conseguir cualquier beneficio adicional.

Las formas de los minerales interfiere en la manera en la que estos canalizan la energía, así podemos usarlos de diversas maneras para varias finalidades.

El ejemplo de esto se puede señalar en las esferas de minerales que agrandan su energía en todas las direcciones, son muy indicadas para la visualización de las energías y acceder a información escondida en la psiquis, ayuda a ver lo oculto o lo que no se quiere ver.

Hay otros aspectos de gran importancia que deben ser tomados en cuenta cuando se usan los minerales, como el color y las calidades químicas y físicas que más adelante se analizarán.

2

LOS BENEFICIOS DE LA TERAPIA CON CRISTALES

Proporciona relajación profunda

Los minerales pueden ayudar a entrar en un estado de relajación profunda, para esto es necesario centrarse en tres minerales emblemáticos como son la amatista, el cuarzo rosa y la malaquita.

Lo primero que se debe hacer es aislarse, se sitúa en una habitación donde se sepa que nadie va a aparecer a generar interrupción, donde haya comodidad y relajación.

Se puede poner la habitación en penumbra, usar incienso e incluso poner música ambiental que dé relajación, con todo esto se consigue relajar el oído y el olfato.

Cuando se ha creado el ambiente relajante y tranquilo, llega el momento de poner los cristales.

Se coloca la amatista en la frente justo encima del tercer ojo, dos dedos arriba de la nariz. La amatista con sus reflejos purpura ayudará a calmar la mente y generará tranquilidad.

Luego se va a poner el cuarzo rosa sobre el chakra corazón, de esta manera los reflejos rosados de este cristal calmarán al chakra y aliviará las emociones, disgustos, traumas y otras dolencias.

Finalmente se colocará una malaquita en el plexo solar, justo debajo del esternón y así se podrá calmar el diafragma y por lo tanto la respiración, permitiendo un mejor funcionamiento del flujo de energía entre los chakras inferiores y los superiores. Este es un chakra que se relaciona con el exterior y se cierra cuando se sufre un ataque del entorno.

Por lo que se está en un punto de acumulación de tensión que tiene gran influencia sobre la tranquilidad mental y física. Lo ideal es hacerlo echado y desnudo de cintura para arriba.

Se colocan los minerales sobre la piel en cada lugar señalado, la duración de la sesión durará de acuerdo a cada uno, lo recomendable puede ser de media a una hora.

Ayuda en la eliminación de bloqueos

La gemoterapia es un arte avanzado que tiene la capacidad de influir en el aspecto espiritual, mental, físico y emocional del ser.

A lo largo de la historia los cristales han simbolizado luz, sanación y sabiduría. Los antiguos egipcios ponían piedras en las envolturas de sus momias para mantener la energía de sus centros e incrementar la ayuda en el viaje al otro mundo.

Los hindúes han utilizado las piedras preciosas como armonizadores de los chakras que rigen la energía de los cuerpos. La gemoterapia es uno de los métodos empleados en medicina alternativa para ayudar a curar física, mental y emocionalmente al individuo que así lo requiera.

Los cristales miden el campo energético del individuo, concentrado en los llamados vórtices o chakras aplicando distintas disposiciones de cristales sobre los puntos y trabajando los bloqueos haciendo que la energía comience a fluir nuevamente con facilidad.

Mayor sensación de bienestar

La gemoterapia rescata los usos ancestrales de estos elementos energéticos formados en el centro de la tierra, contiene magia y sabiduría, las piedras llenan de armonía el plano físico, mental y emocional, abre canales de conexión con el mundo espiritual y lo dota a quien los usa de sus múltiples beneficios.

Generalmente se clasifican las gemas por colores, sabiendo que según el chakra con el que se trabaja se abren los canales de conexión con el mundo espiritual.

Se puede usar en diversos ambientes de la casa para aportar energía especial, hay cristales que armonizan a las personalidades, según los signos del zodiaco, los cristales conectan con los mundos angélicos.

Ayuda a desintoxicar

Los cristales sirven para poder desintoxicar el cuerpo, entre esos se puede hacer limpieza para perder peso y eliminar las toxinas del organismo.

Esto se puede hacer con piedras y cuarzo:

La amatista ayuda a enfrentar la ansiedad con el apetito, es ideal para el desorden compulsivo por la comida.

La angelita resuena con la garganta, ayuda a equilibrar las glándulas tiroides y paratiroides, puede servir como diurético y es ideal para controlar el peso.

Por su parte la aragonita es una supresora del apetito por su capacidad de centrar las energías físicas y es realmente útil en los tiempos de estrés.

El heliotropo es un excelente desintoxicante y ayuda a mejorar el metabolismo.

La cornalina ayuda a controlar los antojos y a desintoxicar el cuerpo, mejorando la salud en general. El cuarzo citrino limpia las energías y elimina lo que no se necesita física y emocionalmente.

El topacio mejora el metabolismo y quema calorías; por su parte la cianita refuerza el sistema inmune y ayuda a combatir los antojos y la necesidad de comer.

El cuarzo rosa ayuda a incrementar el amor propio y desintoxica el estado emocional que lleva a reducir el desorden alimenticio. La sodalita ayuda encontrar balance en el desorden alimenticio.

Estos son apenas algunos cristales, hay muchos más con efectos diuréticos, es importante aclarar que los cristales no son mágicos, son asistentes que ayudan a alcanzar los objetivos con más rapidez.

Se deben limpiar los cristales; más adelante se explicará cómo hacerlo, así como la programación que también se explicará.

Luego viene usarlos:

- Hacer agua con el cristal.
- Traerlo consigo en una bolsa o en un accesorio.
- Ponerlo debajo de la almohada.
- Meditar con el cristal.
- Hacer una rejilla de cristales para liberarse del peso.

Mientras se come se puede mantener el cristal en la palma de la mano o ponerlo en la mesa y manifestar que el cuerpo solo lo requiere en ese momento para eliminar cualquier cosa que necesite.

Combate a la depresión y el estrés

Los cristales ayudan a combatir los estados depresivos y la ansiedad. En estos momentos hay una serie de plagas de depresión y ansiedades en el colectivo.

Dentro del mundo de las piedras se encuentra una

gran variedad de minerales que son útiles para tratar los problemas difíciles.

Ayuda a combatir las alergias

El uso terapéutico de los cristales existe desde hace mucho en diversas culturas. Mientras que los egipcios usaban el lapislázuli para comunicarse con los dioses, los mayas usaban los cristales para diagnosticar enfermedades y el jade era usado en China como piedra sagrada que prolongaba la vida y atraía el amor. Actualmente la gemoterapia puede ser usada para curar las alergias.

Las piedras preciosas y semipreciosas se usan en diversas funciones según su origen, la forma, el color y la temperatura de cada mineral. Las propiedades sanadoras de las gemas se deben a la energía que retienen de la tierra y se transmite a nuestro cuerpo, produciendo una sensación de relajación y vitalidad.

Para curar los síntomas de las alergias, la piedra más eficaz es la fluorita, es de color lila, pero son muchas las gemas que cumplen esta función, cualquier cristal que tenga influencia en nuestro sistema inmunológico sirve de ayuda para nuestras dolencias como la malaquita o el ágata.

Alivia los dolores de cabeza y los dolores musculares

Los cristales se pueden programar para aliviar los dolores de cabeza. La aguamarina es uno de los primeros que funcionan para poder aliviar este malestar así como los dolores musculares.

La aguamarina se conoce como una piedra del chakra de la garganta, este cristal lleva una energía calmante que alivia el estrés y la tensión. Limpia el chakra de la garganta que puede bloquearse cuando se prohíbe a una persona decir su verdad.

Esta es una piedra que puede hacer una doble función para el dolor del cuello y la cabeza, pero también se encuentra el lapislázuli, que equilibra y estimula el chakra de la garganta lo que puede ayudar a reducir el dolor del cuello, pero también abrir el chakra del tercer ojo. Por ello es excelente para aliviar el dolor de cabeza.

Una de las piedras ideales para el alivio general del dolor y la curación general es el cuarzo claro, se conoce por su ayuda para limpiar los chakras y ayudar al flujo de energía por medio de los chakras.

El cuarzo transparente puede ser colocado en cualquier área del cuerpo para eliminar los bloqueos energéticos, esto debido a sus propiedades de amplificación, el cuarzo claro puede ser programado para la curación.

Con la amatista se puede aliviar el dolor, esta es una piedra altamente limpiadora, que ayuda remover los desechos de energía de los Nadis que son canales para que fluya mejor la energía por el cuerpo y los chakras.

Es un cristal altamente espiritual y protector que proporciona apoyo emocional.

Ayuda en la elevación vibracional

Según el tipo de cristal con el que se esté trabajando el campo grupal o la mente se encuentra en un subplano distinto, de ahí que se esté hablando de que hay minerales que vibran más alto y piedras totalmente inertes.

Por ejemplo, una piedra común de montaña tiene una vibración muy baja en el plano físico, pero los cristales y las gemas se pueden usar para la sanación, ya que se encuentran cercanos al plano emocional.

Por eso algunos tipos de cristales, especialmente las piedras preciosas o con alta vibración, poseen un inconsciente colectivo o campo morfogenético que se encuentra en las primeras capas del plano de las emociones o el planto astral, lugar donde está la mayoría de los campos energéticos grupales de las plantas y animales.

Según el tipo de piedra con la que se trabaje, se tiene una vibración incluso más alta que la vibración del cuerpo etérico de un ser humano, que es la primera capa del aura, el primer cuerpo sutil que nos rodea.

3

ASPECTOS ESPECÍFICOS Y PRÁCTICOS

Cómo elegir cristales

Esta es la gran pregunta, ¿cuál es mi mineral? El primer paso es que la afinidad por una piedra va a ir cambiando a lo largo de la vida o puede que no, eso depende de la evolución de cada persona.

A medida que se va familiarizando con el mundo se verá que en muchos momentos de la vida una piedra va a llamar más que otra. El consejo en estos casos es que se le siga el juego a la intuición.

Ya sea que se usen piedras, gemas, cuarzos o cristales para el uso personal o para la terapia de meditación, reiki, adivinación etc., se tiene que saber que cada piedra tiene una vibración en una frecuencia distinta y que el cuerpo sabe encontrar a la perfección el que es bueno para él sin que la mente influya.

Aquí se entra en el mundo de lo inexplicable, el consejo es que se abandone a él, hay que dejarse llevar, sea por el color, el tacto, la percepción, un deseo, lo que sea que llame la atención con ese cristal. No se le puede buscar justificación ni hay explicaciones para eso.

Se toma la piedra, y se siente, sosteniéndola sobre la mano, ella misma sabrá decir si es la indicada o no, siempre y cuando se sepa escuchar, hay que aprender a disfrutar de ellas, así se puede entrar en el mundo distinto donde todo es más sencillo de lo que parece.

Hay que darse cuenta de que ellas están aquí antes que nosotros, que traen en su interior el poder y la vibración de la madre tierra, solo se tiene que pensar en las capas profundas en las que se han creado, a altísimas temperaturas a la que son sometidas y si se le suma la composición química de cada una de ellas, se verá que la información que tienen es increíblemente beneficiosa para el ser humano.

Aplicación de los cristales y cómo utilizarlos

Para hacer una sesión de cristaloterapia se deben seguir estos pasos:

Lo primero es descargar y energizar los cristales con los que se quiere trabajar, en este punto es importante elegir si se trabajará todo el cuerpo o algunos chakras solamente, así se puede elegir el tipo de cristal a usar en la sesión.

Luego corresponde preparar el sitio en el que se va a llevar a cabo la sesión, ya que la energía del lugar influye en la energía propia y por tanto en la sesión de la gemoterapia.

Se puede combinar la sesión de gemoterapia con una sesión de reiki, canalización, regresión, meditación o relajación. Para que la experiencia sea efectiva se debe tomar en reposo horizontal para facilitar la postura de los cristales.

Se ubican los cristales encima de cada chakra que se quiera trabajar o donde la intuición lo indique.

Hay que concentrarse en lo que quiera trabajarse en los primeros minutos de la sesión, mientras se siente la energía de los cristales trabajando, luego hay que relajarse y entrar en estado meditativo, implementando las técnicas de las otras terapias energéticas.

Se puede dedicar unos cuarenta minutos a este proceso.

Finalmente hay que retirarse lentamente cada uno de los cristales y luego se reincorpora.

Para cerrar se descargan y energizan de nuevo los cristales que se usaron en la sesión.

Los principales usos de los cristales

Cristal personal

Cuando se tiene el cristal limpio y preparado como se ha visto antes, se va a programar para que ayude en una tarea concreta.

El método es simple, aunque hay varios, claro. Algunos son muy elaborados y requieren más atención y concentración para poderlos hacer.

Hay que tener presente que el cristal no hará por uno algo antes que nosotros lo hagamos por nosotros mismos. Cuando termines para limpiar el cristal solo necesitas agua y sol o enterrarlos, más adelante se dedica una sección para explicar cómo limpiar correctamente los cristales.

Curación y remedios

Hay casi 30 tipos de piedras diferentes a las que se

atribuyen propiedades de sanación.

La gemoterapia es una técnica que es más popular cada día, sirve para tratar diversas dolencias mediante la aplicación de piedras a diversas temperaturas, ayuda a eliminar dolores de cabeza, musculares y malestares variados, cada cristal tiene una característica particular.

Elixir de cristales

Los elixires de piedras son aguas especiales que entran en vibración con una piedra preciosa, de esta manera las propiedades de una gema se pueden tomar beneficiando al cuerpo física y emocionalmente.

El uso se ha registrado en varias civilizaciones antiguas como forma de curación de la mente, cuerpo y alma.

Se puede hacer aceite de gemas, usando aceite en vez de agua, sin añadir alcohol, el aceite se puede ungir para velas, baños o para hacer un perfume, no se debe ingerir el aceite, y se deben tirar cuando desprenda un olor a rancio.

Gemoterapia para animales

La cristaloterapia utiliza cristales para equilibrar los

chakras de un animal, logrando que de esta forma fluya la energía por medio del cuerpo y mejore la condición física y emocional.

Es un tratamiento que no tiene efectos secundarios, es compatible con cualquier otro método y consiste en la aplicación de cristales y minerales, los cuales debido a sus propiedades eléctricas y magnéticas ejercen una labor sobre el sistema energético del animal.

Cada chakra se asocia con una de las glándulas endocrinas del cuerpo. Cuando uno de estos chakras se desequilibra puede haber problemas físicos, emocionales y de comportamiento.

Cuando el chakra se equilibra se pone en armonía todo, y la salud se acomoda. La cristaloterapia puede favorecer la autocuración del animal, ayuda a fortalecer su organismo y previene enfermedades, reduce el dolor en caso de lesiones y mejora la circulación de energía vital.

Puede mejorar problemas de comportamiento, sirve como apoyo a otras terapias como las flores de Bach.

Para plantas

Una de las relaciones más hermosas que hay es la

que tienen los cristales y las plantas. Los dos vienen de la tierra y tienen la misma clase de energía sutil que se activa y potencializa cuando trabajan juntos.

Muchas personas aman las plantas pero no tienen el tiempo para cuidarlas y esperan que se vean hermosas y sanas. Con los cristales se puede dar esa energía que ellas necesitan, reciben el amor y se mantienen limpias y se benefician cuando contactan con la tierra.

Baños

Las duchas se pueden convertir en un ritual de belleza y limpieza, cada que nos duchamos no solo lo hacemos a nivel físico, sino que lo hacemos de energías, por eso si nos duchamos de manera consciente esto nos ayuda a limpiarnos y sanarnos más.

El agua es maravillosa y excelente conductor universal, se asocia con las emociones y la podemos programar para nuestro beneficio, se dice que el agua es una entidad viva con conciencia.

Hay varios estudios que han demostrado cómo intervienen las energías negativas y positivas en la cristalización del agua cuando se congela, el japonés Masaru Emoto hizo varias pruebas con agua exponiéndolas a diversas palabras, emociones, dibujos y música y luego la congeló para ver el patrón de cristalización y los que tenían malas vibras se congelaban de una manera que era bastante fea comparada con el agua expuesta a buena vibra.

Meditación

La meditación con cristales se trata de usarlos para ayudar a crear resultados específicos durante la meditación. Se puede usar cualquier piedra, pero el cuarzo es realmente bueno para meditar.

Los cristales pueden ser programados, especialmente los de cuarzo, se programan para que ayuden a conseguir la relajación más fácil con la meditación.

Joyas amuletos y regalos

Las joyas se pueden hacer con gemas, son un hermoso accesorio, pero también hacen la labor de amuletos y son ideales para regalar.

Son prendas artesanales hechas a mano 100% natural. Se puede elegir la piedra que conecte de acuerdo a la intuición de cada uno y aplicarla en una joya que se puede llevar consigo cuando sienta que la necesita.

Se pueden tener diferentes prendas para cada necesidad de acuerdo a cómo se quiera trabajar la energía de cada momento. Las joyas energéticas son personales, se hacen al gusto y necesidad.

Métodos de limpieza

Limpiar una piedra no es quitarle la suciedad que tenga en su superficie, es liberarla de toda vibración nociva que pueda tener.

Por eso no se debe usar un cristal o piedra sin haberlo limpiado previamente, dado que a lo mejor haya tenido contacto con otras manos y lugares antes de llegar a nuestras manos.

En ese recorrido pudo haberse llenado de energías que no se saben si serán o no perjudiciales, cuando se limpian se hacen más receptivas y se podrá conectar mejor con ellas.

Cualquier piedra tiene el poder de liberar a las personas de la negatividad, no importa el tamaño, se debe limpiar metódicamente para asegurar la máxima efectividad.

Estos son algunos métodos para limpiar las piedras:

Sal marina

Para liberar de las piedras las energías que pudieran haber absorbido, antes de llegar a nuestras manos, la sal marina es una excelente opción, si la piedra no tiene grietas se puede dejar en agua con sal toda la noche, también se le puede agregar salvia, lavanda o albahaca, así potencia el proceso de la purificación.

Agua corriente

Otro método simple para hacer la limpieza es colocándola bajo un chorro de agua. Se puede acompañar este proceso pidiéndole al universo que con el agua se lleve todo lo negativo que tiene la piedra.

Con otras piedras

Las piedras como el cuarzo transparente, tienen la propiedad de purificar otras piedras. Para hacerlo se tiene que colocar dentro de un mismo recipiente ambas piedras.

Cuando ambas piedras entran en contacto se hace la purificación sin mediación alguna.

Con la energía de cada uno

Se le pueden trasmitir las propias intenciones de energía positiva, es una manera de conservar las piedras propias. Se puede acompañar con una petición de protección con salvia para que elimine la antigua energía, es posible aplicarla en todo el hogar para purificar el entorno y claro, las piedras.

4

PRINCIPALES CRISTALES Y SUS EFECTOS SANADORES

El cuarzo

Ayuda a liberar los posibles bloqueos físicos que se tengan en el cuerpo. Ayuda a las energías naturales como los puntos meridianos, de reflexología. Equilibra la energía de estos puntos físicos tanto positivo como negativo.

El cuarzo transmite equilibrio, los cuarzos corrigen los patrones de energía normal que pueden causar molestias o enfermedades.

La amatista

Es la más adecuada para el sistema endocrino y nervioso. Ayuda a purificar y armonizar el ambiente donde se coloque el tipo de cuarzo, transforma las energías negativas en positivas. Frotando este material en el lugar donde duele se puede ayudar a eliminar un dolor de espalda, de cabeza o dolores musculares, es una piedra con poder, energía y pureza.

El cuarzo rosa

El cuarzo rosa es una de las piedras curativas que más usan los profesionales de la cristaloterapia. A la mujer le genera bienestar ya que elimina las cargas que pueda tener en la capacidad de dar y recibir desde el corazón.

A quien la use le ayuda a equilibrar la energía emocional y sexual, sirve para expresar los sentimientos con calma y elimina el estrés, los celos, la ira y la angustia.

Este es un tipo de cuarzo que destruye las energías negativas y las sustituye con vibraciones de amor, libera las penas que se puedan tener y que no se hayan expresado correctamente.

El ágata

Ayuda a centrar y estabilizar la energía física, el ágata tiene el poder de generar armonía en el ying y el yang, las fuerzas positivas y negativas que mantienen al universo en su lugar. Es una piedra que calma y alivia, trabaja despacio pero lo llena de mucha fuerza.

Las ágatas son cristales claros que pueden estimular recuerdos. Ayuda a que se supere la negatividad y la amargura en el corazón. Irradia amor y ayuda a tener coraje para empezar de nuevo, es útil para cualquier tipo de trauma emocional.

El ónix

Es ideal contra las energías positivas. Es una piedra porosa y absorbente, la piedra atrae magnéticamente las vibraciones negativas y las disuelve.

Las vibraciones negativas cuando entran en el ónix se sumergen en el vacío de la nada.

Si el portador del ónix es atacado por envidias o los celos de otros, la piedra va a absorber el ataque y lo anulará. Cualquier energía negativa venga de donde venga se va a debilitar y se anulará con el contacto con la piedra.

Ayuda además a limpiar el aura y purificar. Cuando se está en contacto directo con una persona, el ónix limpia el aura, pero los beneficios no se quedan ahí, si se deja la piedra en casa, por los rincones de la habitación, el ónix va a purificar la casa, si se coloca debajo de la cama donde se duerme, se va a liberar de pesadillas y ayudará a tener un sueño tranquilo.

Sirve también para transformar las malas intenciones, si alguien intenta usar el ónix para hacer daño, la piedra transforma toda esa intención contra quien intente usarla para este fin.

La cornalina

Es una piedra que se recomienda para las personas con mala memoria. Ideal para las personas que tienen algún bloqueo creativo, por ejemplo para que las parejas que quieren tener hijos, es decir, es perfecta para los tratamientos de fertilidad. Es un excelente amuleto para las enfermedades y los problemas de salud, puede ayudar si se sufre de insomnio, calambres menstruales, asma, reumatismo, problemas digestivos, psoriasis, entre otras.

La aventurina

Ayuda a reforzar las cualidades de liderazgo y decisión, promueve la compasión y la empatía y ayuda favorecer la perseverancia.

Ayuda a que se estabilice el estado mental y estimula la percepción y potencia la creatividad. La aventurina crea un sentimiento de bienestar y equilibra las energías masculinas y femeninas a la vez que le brinda protección al chakra corazón.

A nivel curativo beneficia el sistema nervioso y estimula el metabolismo. Tiene efectos antiinflamatorios y alivia los problemas de la epidermis.

El ojo del tigre

El ojo de tigre es un cuarzo de color amarillo y pardo dorado en bandas, tiene reflejos tornasolados, es una piedra semipreciosa que se le conoce como la piedra de la libertad.

Excelente para estimular la riqueza, se usa como protección contra cualquier tipo de peligro y ayuda conseguir los objetivos, reconoce las fuentes internas y promueve la capacidad de intención. Integra los hemisferios cerebrales y potencia la percepción práctica. Ayuda resolver problemas y conflictos internos, especialmente en los causados por el orgullo y la obstinación.

La calcita azul

Es un poderoso amplificador y limpiador de las energías. El solo hecho de tener calcita en la habitación sirve para limpiar las energías negativas que haya en el entorno y potencia las reservas personales, así como retira la energía que se estanca en el cuerpo, es una piedra espiritual que facilita la apertura de la conciencia y mejora las capacidades psíquicas.

Conecta con las emociones, ayuda a sentirse más intelectual mejorando la inteligencia emocional.

Mentalmente ayuda a relajar la mente, enseña a discernir y analizar, estimula las percepciones y potencia la memoria. La calcita alivia la tensión emocional y la reemplaza por serenidad ya que es una piedra que estabiliza.

El Jaspe

El jaspe posee muchas propiedades energéticas. Esto lo ha convertido en nutrición suprema, se debe a que la piedra sustenta y ofrece apoyo al organismo en momentos donde se siente tensión.

Por eso le aporta tranquilidad y unifica los aspectos de la vida, es así que se genera el sentimiento de ayudar a otras personas. El uso del jaspe va a hacer que los chakras y el aura se alineen y se puedan trabajar.

Los efectos cambian de acuerdo al color de la piedra,

cada una afecta a un chakra en específico, facilita los viajes chamánicos y el recuerdo de los sueños.

Se puede equilibrar el ying y el yang con el jaspe y se puede entrar en sintonía con las emociones, el cuerpo y la mente.

A nivel mental el jaspe agiliza los procesos de pensamiento, las capacidades organizativas y la resolución de los proyectos, igualmente las capacidades de la imaginación, esto lleva a cabo ideas en el aspecto psicológico y aporta honestidad y coraje para enfrentar los contratiempos.

A nivel físico el jaspe hace que el placer sexual sea más intenso y duradero, también hace que el cuerpo se sienta más energético, en función del color de la piedra las propiedades del jaspe varían hacia cierto tipo de aplicación.

El cristal de cuarzo o cristal de roca

Es una piedra que protege, amplifica la energía positiva y rechaza las energías negativas. El cuarzo siempre ha estado en todas las culturas, se presenta en los altares, como en las mesas porque es un mineral que focaliza la energía.

Ya en la antigüedad se utilizaba el cuarzo de cristal,

se le consideraba una gema de mucho valor, el prestigio que tenía por entonces es mucho mayor del que tiene ahora. Dice una historia que Nerón se hizo tallar dos copas de este mineral para poder beber en las grandes ocasiones ya que se pensaba que el cuarzo de cristal atraía el favor de los dioses.

Los árabes también hacían hermosos amuletos con esta gema para poderse asegurar la buena suerte. Por su belleza y propiedades siempre ha sido una de las gemas que prefieren los talladores de todos los tiempos.

El Jade

El jade es muy favorable para el amor, si se coloca debajo de la almohada va a producir sueños significativos, los objetos decorativos de jade eliminan las malas vibras del hogar.

Es una piedra de la suerte, por eso es muy usada en amuletos. Se relaciona con el cuarto chakra, el del corazón, la piedra favorece la salud emocional.

Se usa para incrementar la concentración y alcanzar estados de meditación logra la serenidad, la paz y la visión clara.

El jade sirve como protección contra los problemas

y los accidentes, al hacerse magia de protección con una pieza de jade en el altar, se puede rodear con cuatro velas de color purpura e incrementa el poder del hechizo.

Se cree que la piedra de jade tiene el poder sobre el clima, se acostumbraba en la antigüedad a arrojar con mucha fuerza estos cristales al mar, para atraer lluvia, nieve o niebla.

TRES TERAPIAS BÁSICAS CON CRISTALES

Viaje chamánico con cristales

El viaje chamánico con cristales, es una sesión en la cual la persona emprende una visualización o viaje interior, guiado a través de distintas capas de su campo luminoso o aura en busca de información acerca del origen de un tema en concreto que le está preocupando y ayudarlo a conectar con su sabiduría interna en aras de conseguir una solución armónica.

¿Cómo se realiza?

La persona está conscientemente activa y escoge los cristales con los que desea trabajar, se tiende en el suelo sobre una colchoneta, los cristales y gemas se distribuyen encima del cuerpo y el aura de manera intuitiva, los mismos cristales ayudan a buscar posición con los archivos del inconsciente que guardan información precisa que se requiere. Esto hace que sea un proceso muy eficaz y sanador, y por encima de todo transformador.

Las visualizaciones son efectivas en este proceso, se hacen diversas técnicas de respiración y algunas puntuales de PNL que el chamán ordena en su momento que se sigan.

Cuando se termina, se hace un intercambio de impresiones sobre los insights o las visiones y el conocimiento nuevo que se tiene.

Estas son las razones por las que se debería tomar un viaje de estos:

- Cuando se necesite resolver algún conflicto interno o con las relaciones con otras personas.
- Para conocer la raíz de un problema y resolverlo, la raíz de una enfermedad, de fracasos, saboteos, creencias limitantes…
- Conseguir sanar las propias heridas.
- Recuperar talentos o valores importantes.
- Conectar con el alma, la sabiduría y los mensajes para la vida.

Esta es una sesión que puede hacerse en un par de horas.

Rueda medicinal con cristales

Una rueda medicinal con cristales, es una ceremonia de introspección, con raíces chamánicas y adaptada al trabajo con gemas, se muestra especialmente eficaz y reveladora acerca de cualquier tema que se celebre y del que se quiera obtener información precisa.

Es una rueda que permite comprender los ciclos de la vida, es un círculo sagrado que está dentro de nuestro ser y se expresa hacia el exterior, es nacimiento, muerte y renacimiento.

Es un círculo que no tiene inicio ni final. Un mandala de sanación que purifica tanto dentro como afuera, eleva el alma y recarga el espíritu. Comprende el cuerpo y la mente, el espíritu y el corazón, es un círculo mágico que abarca toda la vida.

La rueda es como su nombre lo indica: un diseño circular, formado con cristales y gemas diversas, escogidas por intuición por quien va a ser el participante, y que desea conocerse a través de ellas.

La rueda gira en torno a las cuatro direcciones o puntos cardinales y representa un aspecto a adquirir.

- Sur: sanación.
- Oeste: muerte, transformación, cambios.
- Norte: conocimiento y sabiduría.
- Este: nacimientos, trascendencias.

Recorriendo la rueda se puede acceder a una perspectiva más amplia de las situaciones que causan preocupaciones. La rueda es un mapa de la situación, una representación gráfica del momento vital, se puede leer e interpretar de manera intuitiva.

Las ceremonias se hacen en un espacio sagrado creado para la ocasión, en una atmosfera meditativa de introspección y apoyo espiritual.

Sirve para estos momentos de la vida:

- Para autoconocerse y reconocerse.
- Cuando hay dudas existenciales sobre cualquier tema que inquiete.
- Al enfrentar desafíos en la vida para el cual no se tiene preparación y se desee profundizar en las posibilidades interiores.

- Para ver las situaciones que preocupan desde diversos ángulos y sus implicaciones.
- Cuando se precise asesoramiento interno para emprender una nueva actividad, un sueño o proyecto.
- Para recordar los propósitos del alma, la misión.

La sesión toma alrededor de un par de horas.

Cristaloterapia o gemoterapia

La cristaloterapia es una forma de medicina alternativa que usa los cristales de cuarzo para generar beneficios a nivel físico, energético, mental y emocional.

Sirve para tratar algunas enfermedades sin necesidad de ir por fármacos. Sirve para tratar la anemia, los ataques de ansiedad, el reflujo, la depresión, entre otros.

Muchas afecciones pueden ser originadas por un mal funcionamiento de las energías, derivado de causas emotivas, psicológicas o mentales, es ahí donde la cristaloterapia actúa para reconocer esos bloqueos y actuar por medio de los minerales en los puntos energéticos.

PASOS PARA ACTIVAR Y DESPERTAR LA ENERGÍA DEL CRISTAL

Paso #1: La limpieza del cristal

Para limpiar los cristales hay muchos métodos, estos son los principales y se asocian a los cuatro elementos: fuego, agua, aire y tierra.

Con agua y sal

Cuando se compre un cristal nuevo lo primero que se tiene que hacer es limpiarlo de las energías anteriores, el primer método se relaciona con el elemento agua y con sal.

Se puede sumergir entre seis y doce horas en un recipiente con agua salada, cuando se haya pasado este tiempo se puede aclarar el cristal debajo del agua corriente del grifo.

Luego se seca con un trapo de algodón, adicional se le puede dar un mimo especial con un poco de agua de rosas sobre él. Luego se llena de energías poniéndolo a que le dé un poco de sol matutino, puede ser por unas tres horas.

La limpieza debería hacerse luego de usarse en una terapia y cada que se sienta que el cristal está lleno de energía negativa.

Es una limpieza apta para la mayoría de cristales, exceptuando los que son sensibles al sol como la celestina, o los solubles al agua como la selenita, tampoco se debería emplear para los cristales porosos o con grietas o para los unidos por una matriz como las drusas o geodas.

Esto porque se pueden dañar, perder el brillo o romperse por ablandamiento.

Lo mejor es usar sal marina o sal del Himalaya, ya que la sal común tiene muchos aditivos que la hacen inservible para estos procesos de limpiezas energéticas.

Tierra

Una manera de limpiarlo es enterrando la piedra por

un tiempo para que la propia tierra le elimine las energías que tenga cargadas.

Cuando se extrae queda lista para usar, solo con lavarla un poco vuelve a su pureza para actuar en la persona

Paso #2: Carga energética

Hay diversas maneras de cargar las piedras:

Con el sol

Se puede usar la energía del sol para recargar los cristales, simplemente se dejan en la ventana o en un lugar donde reciban los rayos del sol, es importante colocarlos luego del amanecer cuando el sol está en el cielo y recogerlos antes de atardecer. Aunque como se explicó en el punto anterior se puede dejar por unas tres horas y es suficiente.

Es ideal para las gemas relacionadas con el elemento fuego, como el cuarzo cristal, la cornalina, el cuarzo citrino, ojo de tigre, jaspe rojo, ónix, pirita, rodocrosita, ojo de gato, obsidiana, hematites y lluvia de oro.

Con la luna

Otra de las fuentes para recargarla es la luna. La luna llena es la ideal, se dejan en la noche y se recuperan antes del amanecer, impregnadas de grandes influjos psíquicos.

Los cristales de vibraciones receptivas como la selenita, la turquesa, jade, cuarzo rosa, kunsita, lapislázuli, howlita blanca, ónix blanco y aguamarina, son especialmente sensibles a los influjos de la luna por lo que se puede aprovechar la predisposición y amplificar el alcance de la intención.

Con la tierra

Enterrar las piedras es una manera de limpiarla como se mencionó antes pero también para recargarlas.

Se puede realizar durante 24 horas consecutivas, aunque es preferible hacerlo durante las noches en una maceta, en el jardín o en un bosque con lugares donde sea fácil encontrarla después.

Con el frío

Se colocan los cristales limpios en la nieve o incluso en la heladera, es un método poco usado para recargarlos, dado que las temperaturas extremas pueden afectar la estructura de las piedras.

No obstante en caso de que se decida hacerlo, el

tiempo de exposición no debe ser mayor a 30 minutos.

Paso #3: Programación del cristal

Este es un paso clave en la gemoterapia, el éxito del trabajo de un cristal depende de que se le sepa transmitir el objetivo que se quiere lograr. Eso se logra estableciendo desde el primer momento una relación de armonía con el microcosmos cristalino, dedicando a ello todo el tiempo que requiera.

Cuando se habla de programar un cristal se refiere a una intención concreta con la que se va a trabajar, es como si se hablara de un programa de ordenador que viene a cumplir una función específica, esto se hace creando vínculos energéticos estrechos con los minerales y se ordenan las energías para que trabajen en lograr un objetivo.

Se puede decir que la programación comunica al cristal cuál es la intención, el objetivo que ha llevado hasta él. Puede ser aliviar una enfermedad, superar trastornos, conseguir protección…

Para poderlo programar se busca un lugar tranquilo de la casa, se tumba con el cristal al frente y las manos sobre el chakra del tercer ojo.

Cuando se esté relajado se comienza a visualizar la situación o el objetivo que se quiere afrontar, se deja que el cristal haga su efecto por medio del chakra y aporte la serenidad, la calma y la fuerza que se necesita.

Se puede programar también con un pensamiento de amor hacia una persona querida, con la voluntad de finalizar con éxito un proyecto, reconciliarse con alguien, eliminar miedos, celebrar festividades, realizar hechizos, quitar la ira…

Se puede programar con el sonido energizante de la campana o el cuenco tibetano, una opción es traer un recuerdo feliz, la imagen de un paisaje, un rostro, llamando a deidades, entes espirituales o energéticos para que toquen el cristal y lo bendigan.

Las posibilidades son inmensas, se puede programar para enfrentar situaciones como salir airosos de una entrevista de trabajo, prepararse para una jornada estresante, una protección mágica, declarar el amor a alguien, cada quien tiene la manera de hacerlo y lo más importante es que funciona.

Es un proceso que toma unos quince minutos, se debe repetir por varios días, visualizando lo que se quiere lograr. Sintiendo la calma y la fuerza para hacerlo, cuando pasen estos días el número va a depender de la importancia que tenga el cometido.

Se puede probar colocándose el cristal en el tercer ojo sin pensar en más nada, dejando la mente en blanco y concentrándose en la respiración, sin esfuerzos, trayendo a la mente la imagen que se ha estado practicando previamente, con una sensación de serenidad, esto significa que el cristal se programó.

PRÁCTICAS AVANZADAS PARA LA SANACIÓN CON CRISTAL

Sanación y re-equilibrio de los centros energéticos

La terapia con los cuencos de cristal es efectiva, sea que se trate de la propia energía o la de otra persona. El cuenco de cristal al ser golpeado suavemente tres veces produce un sonido determinado que se asocia a cada uno de los chakras.

Cuando se mezcla cada sonido, el terapeuta encuentra la mejor combinación para equilibrar cada uno de los centros de energía. Es importante que se reconozca cuál es la mejor forma de encontrar el equilibrio en cada persona, porque algunos pueden funcionar de una manera y en otros de otra. Pero sin duda se puede lograr el mejor resultado.

Contención del campo áurico para los demás

Todos los pensamientos, experiencias y sentimientos se reflejan en el aura, así como la energía que se atrae al entorno. En este sentido el alma refleja la energía y atrae a otros cuerpos y ambientes.

El aura de una persona no es estática, cambia con el tiempo, con la evolución personal y espiritual y con el entorno.

Se puede cambiar la vibración del aura con la intención y con ejercicios de visualización.

El aura es un reflejo que influye en la salud física, mental y emocional, la limpieza del aura es importante para vivir una vida sana y en paz.

Cuando se siente agotamiento, falta de energía, se ha estado irritable y con mal humor, o no se acaba de recuperar de un resfriado, se necesita limpiar el aura y balancear los chakras con los cristales.

Activación de dones y talentos con la Geometría Sagrada cristalina

La importancia de la geometría sagrada es la de equilibrar los hemisferios del cerebro. Las experiencias de meditación, la intuición y creatividad, que se dan en el hemisferio derecho, que rige lo intuitivo, emocional y sensitivo y se relaciona con la energía femenina.

El hemisferio izquierdo se vincula con el pensamiento lógico y matemático.

Cuando se tiene alguna experiencia mística, como pudiera ser una meditación, esta se da en el hemisferio derecho, generando paz y armonía. Al salir de ese estado y analizar la experiencia, comienza a trabajar el lado izquierdo que no está entrenado para este tipo de experiencias y acude la razón, llegando a la conclusión de que la experiencia solo fue producto de la imaginación.

Con la geometría sagrada se logra la sincronicidad de ambos lados del cerebro y da percepción a las imágenes, las formas, los colores, las experiencias místicas y los niveles meditativos que se logran con la contemplación o los dibujos mandálicos, procesos que se dan en el lado derecho, todo lo que se relaciona con la geometría implica matemáticas, ordenamiento espacial, proporciones, iconografía y razonamiento, se procesa con el lado izquierdo.

Así el lado izquierdo se involucra en la situación sin cuestionarla ni sabotearla. Más bien la apoya y logra un marco lógico, una comprensión intelectual para explicar los estados sutiles del ser.

La geometría sagrada es la matriz para la vida, la preservación de la existencia, tiene forma helicoidal basada en una espiral de dodecaedros desdoblados.

Los patrones están en las moléculas de todos los elementos físicos, en las fórmulas químicas en las ondas de sonido, en cada partícula del universo. Sin la geometría sagrada no habría vida.

Las figuras más sagradas son los cinco solidos platónicos, el círculo y la espiral.

Los sólidos platónicos son:

- El tetraedro.
- El icosaedro.
- El cubo.
- El dodecaedro.
- El octaedro y
- las espirales: la Áurea y la Fibonacci.

Se le llama platónicos porque Platón fue el primero en estudiar a profundidad la geometría y le asignó características metafísicas. Los sólidos platónicos son formas totalmente simétricas que tienen lados y ángulos iguales y caben dentro de la matriz universal que es la esfera.

Dentro de este proceso se encuentran dos espirales, la Áurea y la Fibonacci.

La Áurea es una es una espiral cósmica como la galaxia, no tiene principio ni fin, se llama la divina proporción y se basa en el número áureo o phi, el 1,618, que se repite de manera indefinida en la naturaleza y es un valor creador del universo.

La Fibonacci es una espiral que empieza en un punto determinado y sigue una proyección aritmética y es una repetición constante en el crecimiento de las especies

Con los cristales se debe manejar la geometría en las formas de cada uno de ellos, que sea Cubo, Icosaedro, Tetraedro, Octaedro, Bola, Estrella Merkaba y Dodecaedro.

Según quien lo trate puede aplicar cada pieza en el chakra determinado y de esta manera activa los dones que se quieran desarrollar.

La recomendación es que se use así: amatista (chakra corona), cornalina (chakra sacra), jade amarillo (plexo solar), aventurina verde (chakra del corazón), lapislázuli (chakra de la garganta), cristal transparente (chakra del tercer ojo), jaspe rojo (Chakra de la raíz).

La Pirámide de Cuarzo: Técnica de sanación avanzada usada en la antigua Atlántida

En muchas civilizaciones antiguas el cuarzo ha sido considerado una fuente de grandes poderes sagrados y mágicos. También se sabe que las pirámides producen un campo de fuerza de iones negativos beneficiosos para la salud. Los médicos en Cuba, por ejemplo, luego de estudiarlo en universidades usan las pirámides para muchas de sus terapias.

El poder de los cristales con las pirámides talladas y pulidas según la proporción áurea, sirven para muchas de las aplicaciones que le dé el usuario.

Permite que el cuarzo abra los sentidos de la mente y el corazón y facilita que el espíritu se transmita y traduzca al mundo físico, las pirámides mantienen el patrón de energía previamente aplicada sobre una vibración armónica limpia.

Este es el mejor uso que se le puede dar a las pirámides:

Primer paso: Limpiar o descargar la pirámide de cuarzo

- Se toma una profunda y lenta inspiración mientras se focaliza en la pirámide con la intención de limpiarla y descargarla de energías pasadas.
- Ahora se expira el aire de un golpe por la nariz.

Segundo paso: Cargar la pirámide de cuarzo

- Se puede cargar con amor y bienestar, primero toca sentir el amor dentro de sí mismo, ayuda que se acuerde de alguna experiencia real vivida de amor, con una persona querida, incluso con un animal doméstico.
- Se inspira profundamente mientras se siente el amor y el bienestar.
- Se aguanta la respiración focalizándose en ese sentimiento.
- Finalmente se expira el aire de golpe con la intención de inyectar el amor y bienestar dentro de la pirámide de cristal.
- Si se hizo correctamente se siente la

vibración y esto resuena en la pirámide de cuarzo. Algunos lo describen como un sonido en la mente, otros como una leve vibración en el pecho, la mayoría de las personas la sienten al primer intento.

Una vez que se hace se repite el segundo paso para cargar otro tipo de energía o programación distinta al amor. Cualquier meta se puede visualizar primero para luego introducirla con el mismo método.

Por ejemplo si la mascota está enferma se puede visualizar ya curado. Jugando con él, visualizándolo con todas las sensaciones que le acompañan.

Usos de las pirámides:

- Para armonizar los espacios, poniéndola donde se desee, pero a medio metro de los aparatos eléctricos para que no afecte los campos.
- Ponerlas al lado de una ventana por donde entre el sol, así dispersa la energía positiva.
- Para dormir profundamente o para mejorar el sueño. Se pone en la mesa de noche y tiene resultados increíbles.

- Para meditar, vacía la mente y logra estados meditativos más profundos.
- Se puede meditar imaginándose dentro de la pirámide de cuarzo, conectando desde la tierra hasta el cielo, sintiendo el espíritu cristalino, como el cuarzo.

El radio de acción de la pirámide no tiene límites, estudios demuestran que mediante la imaginación y la intención es posible cargarlas aunque estén a una considerable distancia. Aunque lo mejor es tenerlas cerca, en la misma habitación donde se quiere que actúen.

Las pirámides deben usarse con buena intención, de manera positiva, para cargarlas se ponen al sol y para limpiarlas tal como se señaló con cualquiera de los tipos de purificación aquí descritos.

Dicho todo esto, solo queda que se elija la piedra que conecte o que ella le elija y se comience a experimentar en este maravilloso mundo.

CONCLUSIÓN

Desde épocas antiguas se considera arte y a la vez ciencia el uso de las piedras. Siempre se ha usado con fines terapéuticos, basándose en las propiedades de cada gema.

Ya se sabe que colocándose las gemas en lugares estratégicos se consiguen beneficios para el cuerpo.

Las gemas son como baterías naturales capaces de absorber, transmitir y retener energía, pueden activar el ritmo de circulación de energía de cada uno.

Nuestros vórtices de energía pueden ser activados por medio de los cristales, logrando así un equilibrio.

Hay una paleta de técnicas y casi treinta piedras preciosas, queda que ella conecte y la intuición haga el resto.

APERTURA DE TUS CHAKRAS

LA GUÍA DEFINITIVA PARA PRINCIPIANTES PARA EQUILIBRAR LOS CHAKRAS, Y RADIAR ENERGÍA POSITIVA

INTRODUCCIÓN

Chakra, una palabra escuchada en el colectivo, en algún momento ha llegado a oírse, pero muchas personas desconocen a ciencia cierta su significado o la gran importancia que tiene para el cuerpo y todo el bienestar en general.

Los chakras se refieren a áreas específicas del cuerpo donde fluye una energía particular que aporta bienestar y estabilidad.

No todas las personas creen en ellos, pero los que si creen en el poder que tienen, el tenerlos alineados y sanos es vital.

En ocasiones las personas dicen que no comprenden cómo nada tiene sentido en su entorno, ni la razón por la que sus vida marchan tan mal.

Eso podría ser porque se tienen los chakras desalineados o bloqueados, según el chakra o los chakras que tengan problemas, se manifiesta en el cuerpo y en la vida una serie de consecuencias que se solucionan solo cuando ese bloqueo se trabaje.

El cuerpo tiene siete chakras principales, cada uno tiene un color, una ubicación y una tarea muy especial, recorren toda la columna vertebral y giran en el sentido del reloj, mostrando toda su energía.

Tenerlos bloqueados aunque causa problemas en la vida diaria, no es algo que no pueda solucionarse.

Hay muchas herramientas que sirven para poder poner los chakras alineados y que además enriquecen el espíritu y genera bienestar.

Herramientas como la meditación, las piedras preciosas, la digitopuntura, el yoga, los baños de colores, junto a otras muchas técnicas, sirven para que los chakras se alineen.

Este trabajo pretende no solo mostrar cómo alinearlos, sino ser una guía rápida de los chakras ¿qué son? ¿Cómo reconocerlos? ¿Cómo usar sus mantras?

¿Qué sucede cuando se comienzan a bloquear?

Es mucha la información, además es fascinante conocer que se tienen unos vórtices de energía, con colores increíblemente hermosos, girando y siendo causalidades en el día a día de las personas.

Hay personas que se revisan los chakras, identifican que tienen un problema, por ejemplo en el chakra Raiz, que es el primero, el chakra base y se representa por un color rojo vivo hermosísimo, entonces estas personas han dedicado un tiempo a la meditación sobre ese color y chakra en particular y a la vez han usado aromaterapia o una piedra preciosa o el yoga y en poco tiempo han visto los resultados.

No solo eso, en el proceso y eso es algo que se abordará en el contenido a continuación, se ha visto el origen de los bloqueos, los miedos, el abandono, el fracaso, la soledad, la ira y todas las emociones negativas que hay en el entorno y que pueden ser causales de un bloqueo de chakras.

Estos centros ayudan a que la energía vital del cuerpo fluya con naturalidad, aunque la meditación, el yoga y los ejercicios de respiración son una increíble ayuda para volver al centro.

La clave siempre es preguntarse por las cosas que se

sienten bien y las que se sienten mal y nunca mentirse, el camino de la verdad siempre es el más corto y efectivo.

1

ASPECTOS BÁSICOS

Los chakras son ruedas giratorias o vórtices energéticos que tienen la responsabilidad de la regulación de las energías del cuerpo y están a lo largo y ancho del aura.

Están en todos nuestros campos, en el campo Etérico, que es el más cercano al cuerpo, tiene hasta unos seis centímetros de grosor.

Están el Campo Emocional, el Campo Mental y el Campo Espiritual.

El concepto de los chakras nace en la cultura hindú y está en los textos sagrados Vedas, principalmente en los conocidos como Upanishads, redactados alrededor del siglo VII A.C.

La sánscrita chakra significa rueda y hace alusión a la forma en la que se perciben los chakras.

Los chakras son los principales agentes que regulan el campo energético que tenemos, actúa como transformador o como puertas de entrada de la energía.

Los chakras son los agentes principales de la regulación del campo energético, ajustan la energía vital del organismo conocida como Prana.

Hay que comprender el modo en el que funcionan los chakras, estos se basan en energía, que es el todo, los chakras son apenas una manifestación de la realidad, que es más sutil que la materia, se interactúa de manera continua con todo tipo de energía y hay distintos tipos de vivencias y experiencias, cada una de ellas producen una respuesta diferente en nuestro organismo.

Los chakras se encargan de absorber energía, la procesan y antes de que pueda ser asimilada se hace un ajuste y se sintoniza a la frecuencia vibratoria óptima particular para cada ser.

Luego se precipita en el cuerpo donde desencadena una respuesta fisiológica.

Cada chakra es la confluencia, un punto con muchas

carreteras de energía que se distribuyen por todo el organismo y ahí ocurre un cruce de carreteras con un puesto de procesamiento y regulación, este se llama chakra.

Estas vías y caminos se llaman Nadis y de estos hay más de 72 mil.

Están los tres Nadis principales:

- Ida (Canal izquierdo).
- Pingala (Canal derecho).
- Sushumna (Recorre la espina dorsal).

Ahí surgen los siete Chakras principales y siguiendo a estos Chakras hay 21 Chakras menores y cientos de centros terciarios, de menos relevancia pero igual muy importantes para el mantenimiento de la salud.

Beneficios de tener los chakras alineados

Tener chakras o varios chakras bloqueados puede provocar enfermedades en diversas áreas del cuerpo y causar bloqueos de energía que afectan la vida.

Inicialmente se tiene que tomar el tiempo de cambiar la energía usando el yoga y la meditación, así como muchas otras herramientas que más adelante se abordarán, y que pueden ayudar a desbloquear totalmente los chakras.

Esto es algo que se puede hacer de manera consciente para que se pueda mantener el estado de bienestar.

Cuando se tiene la energía desbloqueada sucede esto:

- Primeramente se adquiere mayor consciencia y apertura a la información psíquica y espiritual.
- Se logra poseer una mayor y rápida capacidad para sanar los problemas del cuerpo, mentales, espirituales y emocionales.
- Se transforman las debilidades y fortalezas.
- Se liberan patrones no compatibles y desarmónicos.
- Se sonríe constantemente para lograr tener un incremento de pasión por la vida.
- Se vive en el presente, los pensamientos se enfocan en el ahora.
- Se supera el aburrimiento.
- Se elimina por completo la incertidumbre.
- Se manifiesta lo que se quiere para la vida.
- Se accede a la sabiduría financiera.

- Todas las relaciones son de amor y saludables.
- Se tiene más autoestima, placer y disfrute en la vida.
- Las decisiones reflejan la armonía, la aceptación y la expresión de amor incondicional.
- El protagonista de la vida es el perdón de uno mismo y de los demás.
- Se logra el acceso a la inspiración para convertir los sueños en realidad.
- Se tiene plena conciencia, intuición, reconocimiento y dedicación relacionado con los sagrado y lo espiritual.
- Aumenta la salud y mejora considerablemente el sistema inmune.
- Se expresa libremente la emoción de una manera saludable.
- Se logra alcanzar el auto dominio, e integridad personal.
- Se disfruta con claridad de una mente que se enfoca en la sabiduría interna desde el corazón.
- Se fortalece, la comunicación clara y acertada del corazón y la mente.

- Se vive plenamente el poder, basado en lo físico y el ser espiritual simultáneamente.
- Se vive con mucha fuerza de voluntad, se tiene una conexión fuerte con la fuente divina, así el camino se emprende más alto.

Los chakras son un elemento diagnóstico importante a la hora de desempeñar cualquier terapia energética o de otra índole, la información que se extrae es valiosa para la práctica clínica.

2

LOS 7 CHAKRAS PRINCIPALES

Comprender los chakras permite entender la relación entre la conciencia y el cuerpo y de esta manera permite ver el cuerpo como un mapa de nuestra conciencia.

Aporta una mejor comprensión de nosotros mismos y de todo lo que nos rodea.

Aquí se muestra cada uno de los chakras y lo que aportan al cuerpo. Estos son los siete chakras principales.

Primer chakra, Muladhara o chakra de raíz

Este es el primer chakra, Muladhara, es el que se llama chakra raíz, este mueve la energía física y domina la voluntad de vivir.

Se localiza en el perineo, entre el ano y los genitales.

Cuando está abierto ayuda a encauzar la energía hacía arriba para la médula espinal. Cuando está bloqueado la persona se siente como ausente, cansada, enfermiza, con un poco de depresión, es decir, que la energía no está fluyendo hacia arriba.

Muladhara significa raíz, se relaciona con el número 4 y el elemento es aire, dicen que los animales guía son el elefante, el toro y el buey.

Se asocia en el cuerpo con el intestino delgado, piernas y pies y con el elemento tierra.

Saturno es su cuerpo celeste, el color de este chakra es el rojo intenso, brillante, con piedras de sanación, de color granate y cuarzo ahumado, los aromas para poder trabajar con la aromaterapia, son el jazmín y el sándalo y su música favorita, si se quiere hacer bailar son los tambores.

La mantra semilla es el LAM.

A nivel alimentario lo estimulan las proteínas y las raíces como el jengibre, los boniatos y las patatas.

La madre tierra lo toma como su favorito ya que por medio de él se ponen raíces con Gaya.

Para trabajarlo un poco además de las pistas ya dadas como ponerle aromas favoritos, o ponerlo a bailar con tambores, también se le puede poner la siguiente meditación:

Poner la atención en el hueso sacro, justo al final de la columna vertebral en donde se halla el primer chakra.

Se debe respirar profundamente y relajarse.

Hay que mantener los ojos cerrados, sabiendo dónde está situado el primer chakra, se debe visualizar un punto de color rojo.

Ahora se pone la palma de la mano derecha sobre la ingle derecha.

Desde ese instante se visualiza el aire que se respira, el aire es de color rojo también, se tiene que poner la atención situada en ese aire rojo que entra por las fosas nasales y que se va canalizando y descendiendo por el interior a través de la columna vertebral, se descubrirá que este aire rojo llega al primer chakra.

El aire que se está respirando va a tonificar todo el sistema nervioso, especialmente en esa zona donde está puesto el enfoque.

Cada inspiración almacena lo positivo que conlleva

el aire, esa es la misma vida, con cada expiración se está eliminando lo negativo y esas impurezas acumuladas que están contaminando el cuerpo.

Hay que contemplar por unos instantes el inmenso campo que se tiene delante, que está lleno de amapolas y hojas de color rojo fuerte y llamativo como el color del chakra.

Cuando se ve este color tan hermoso, se siente relajación y tranquilidad e inunda de paz.

Ahora el cerebro recibe órdenes oportunas, de acuerdo a la voluntad, para que los órganos que dependen del chakra con el que se está trabajando se relajen y cumplan perfectamente cada uno de ellos con su función.

Los órganos de excreción, sexuales, matriz, plexo pélvico, próstata, talones de pies y manos.

Cuando este chakra funciona bien se reducen sin ningún esfuerzo la agresividad y los miedos.

Da ahora un ligero movimiento circular con la palma de la mano siguiendo la dirección de las agujas del reloj, sobre la ingle izquierda mientras afirmas que es la expansión natural del pensamiento y la alegría.

Segundo chakra. Swadisthana o chakra sacro

Este chakra representa los sentimientos, las emociones y las sensaciones puras, sin olvidar el intelecto.

Es la capacidad para la transformación y comenzar a fluir, la capacidad de atención, creatividad, concentración y la conexión con la fuente interna de la inspiración.

Aquí reside el sentido de la belleza, la estética, el arte, las nuevas experiencias y la apreciación de la vida.

Este chakra impulsa el placer, el disfrute de la vida y la alegría y al igual que el primer chakra gobierna sobre la subsistencia, la sexualidad o el dinero.

En este caso desde la polaridad femenina, este es el chakra que rige sobre los instintos de supervivencia, buscando la seguridad y la protección, la sexualidad se vive como una energía creativa y sensual.

El dinero es importante por la seguridad que nos brinda más que por el poder como era el caso del primer chakra.

La capacidad de dar y recibir amor, de captar los sentidos y manejar las emociones básicas como rabia, miedo, odio, amor, junto con otras características importantes del segundo chakra.

En el cuerpo se expresa en los riñones, la vejiga, las caderas, genitales, los humores, el sistema reproductor, los jugos digestivos, la sangre, linfa, esperma.

Tercer chakra. Manipura o chakra del plexo solar

Este es el chakra del plexo solar, el centro de poder o Manipura, este se puede llamar como se prefiera, lo que no se puede hacer es olvidar su existencia, este chakra irradia y distribuye energía a todo el cuerpo.

Este es el chakra que se usa para las metas y los logros, da la energía y la vitalidad y se alimenta por el fuego del plexo solar, es un chakra que se asocia con las glándulas suprarrenales y los riñones, se rige por el elemento fuego y desarrolla la visión, así como los procesos del sistema digestivo y metabólico.

Este es un chakra que incita a que se actúe y se completen las visualizaciones con la libertad, la confianza, la facilidad de ser uno mismo y el papel con el que cada persona se identifica.

Es el responsable de la voluntad, la individualidad, el

ego, la conciencia apasionada y el dinamismo. Esto lo hace muy interesante.

De los siete chakras principales este es el centro de la energía de poder, la coordinación y el sentido de control. El color que tiene es el amarillo, se ubica entre el ombligo y el plexo solar.

Con este chakra se conecta con la fuente interna de la energía, es el último que se apaga cuando se fallece y se relaciona con la actividad del cuerpo mental.

Cuarto chakra. Anahatha o chakra del corazón

Cuando se tienen problemas para conseguir el equilibrio, cuando se le busca dar sentido a la existencia y darse valor para sentirse bien consigo mismo, este es el chakra que juega un papel importante.

Este chakra se relaciona con el amor universal, con las relaciones, los sentimientos, la apertura de la vida y la compasión.

Está relacionado con el equilibrio, la propia seguridad, la curación, el bienestar, el perdón y se encarga de equilibrar el corazón, el pecho y los pulmones.

El cuarto chakra se le conoce como chakra del amor, o Anahatha. El significado que tiene es intacto, no golpeado, y está en el medio del pecho, a la altura del corazón.

Es de color verde, dorado y rosado, el mantra que maneja es el YAM, la nota musical es el Fa sostenido.

Se rige por el sentido del tacto y su elemento es el aire.

Es el centro de sistema de chakras y es uno de los más importantes por lo que se hace un puente entre los otros chakras inferiores y otros materiales y los tres chakras superiores y espirituales.

Al tener este chakra en armonía aparece el equilibrio y la vitalidad, este fomenta el amor incondicional, la compasión, la comprensión, la perseverancia, la solidaridad y la paciencia.

Quinto chakra. Visudda o chakra de la garganta

Este es el chakra de la garganta y tiene que ver con la capacidad para poderse comunicar.

Se relaciona con el equilibrio, la seguridad propia, el perdón, el bienestar, se encarga de los pulmones, el corazón y el pecho.

Se encuentra ubicado en la garganta y se encarga de

las comunicaciones, la autoexpresión de los sentimientos y la verdad.

El color al que responde es el azul.

Sexto chakra. Ajna o chakra del tercer ojo

El nombre de este chakra es percepción, se enriquece con el conocimiento, desarrolla la autoridad y se asocia en el cuerpo con la glándula pituitaria, con los ojos, con el elemento luz y con el cerebro.

Está relacionado con nuestra habilidad para lograr mejorar el enfoque y el panorama general.

Se ubica en el centro de los ojos y en los aspectos emocionales, está relacionado con la intuición, se mejora muchísimo la imaginación, se es más sabio y se tiene más capacidad para pensar y tomar decisiones.

El color que representa este chakra es el índigo.

Séptimo chakra. Sahasrara o chakra de la coronilla

Este es el séptimo chakra y se vincula con la mente y con la lucidez, el nombre significa la flor de loto de los mil pétalos.

Se asocia en el cuerpo con la glándula pineal y el córtex cerebral, con la espiritualidad y la conciencia.

Está ubicado en la parte superior de la cabeza, exactamente en la coronilla.

Los aspectos emocionales que representa son la belleza interior y exterior, se hace conexión con la espiritualidad y la dicha pura, cuando se tiene este chakra en equilibrio se siente una sensación inmensa de amor.

Los colores de este chakra son el blanco y violeta.

3

MÉTODOS KUNDALINI PARA ALINEAR LOS CHAKRAS

Para poder desbloquear los chakras es necesario que se comience a entrar en una frecuencia que ayude a causar una resonancia pero entre más resonancia haya más saludable se va a sentir el espíritu, las emociones y el cuerpo.

Se dice que no hay mejor manera para esclarecer las barreras del pensamiento, los sentimientos y las emociones que por medio de la meditación, haciendo ejercicio al aire libre y creando vínculos saludables.

En ocasiones el bloqueo parece que no quiere quebrarse y esto puede hacer que los chakras se bloqueen.

Cuando los chakras no se revitalizan, el cuerpo

energético y aural, y el cuerpo físico no se desarrollan en los aspectos de la autoconciencia.

La energía no se transmite hasta los niveles aurales a cada capa progresiva en cada una de las frecuencias, esto experimenta un bloqueo que es importante porque no deja entrar la información.

Para que los chakras tengan un buen funcionamiento, es normal que se abran para metabolizar las energías particulares que se necesitan del campo de energía universal, es como si fuera un disco que gira en sentido del reloj haciendo fluir la energía de afuera hacia el centro, facilitando al metabolismo alcanzar todo su potencial.

Desbloquear los chakras requiere de una frecuencia importante que ayude a causar una resonancia, pues entre más se resuene más salud habrá en el espíritu, en el físico y en las emociones.

Un modo de hacerlo es moviendo esas energías por medio del cuerpo y con el uso de la meditación, logrando que cada capa esté en la misma frecuencia con el cosmos, otra manera es por medio de las posiciones kundalini que hacen que se muevan las energías desde la raíz hasta la coronilla.

Estas son las líneas kundalini para alinear cada uno de los chakras.

Chakra Muladhara bloqueado

Cuando este chakra está bloqueado se debe a una sensación de miedo y paranoia que es intensa. Esto causa que se genere un desbalance y una desconexión.

Se relaciona con una percepción falsa de estar entre naturaleza y cultura.

La manera de desbloquearlo es comenzar con la meditación enfocando la energía en la base de la espina, sintiendo la conexión con la tierra, hay que relajarse, dejar caer los músculos kegel e imaginar la manera en la que la espina se expande a la tierra como las raíces de un árbol, poco a poco el miedo pasa a ser coraje y de este modo vas desbloqueando este chakra.

El chakra sacral bloqueado

Este se puede bloquear por una sensación de vergüenza y culpa ante el placer, muchas veces se siente esta sensación de arrepentirse por lo que se ha disfrutado y vivido, inclusive por medio del pensamiento de que el pasado pudo ser distinto si tan solo se hubiera sido más audaz.

La manera de desbloquearlo es imaginar el color naranja mientras se está meditando, hay que enfocar toda la energía en la zona genital.

Se puede acceder con facilidad a este chakra para transformarlo en una expresión de creatividad y emociones de sí mismo. La conexión entre el cuerpo físico el cosmos y los fluidos corporales refuerzan el estado del espíritu, las emociones, el físico y la mente, es como un río que llega al océano.

Hay que hacer la visualización de que se mueve con el flujo y el ritmo natural del cuerpo en balance con el mismo ritmo grandioso del cosmos.

Se puede ejercitar este chakra contrayendo los genitales y el ano y así poco a poco irlo desbloqueando.

Chakra manipura bloqueado

Este se puede bloquear por la vergüenza y la humillación, por la inseguridad y la duda.

A este chakra se le conoce como el plexo solar, se asocia con la digestión y el movimiento, también con la intuición por medio de un equilibrio mental y emocional.

Este chakra en armonía muestra una vida llena de poder, autoridad y dinamismo, permite que se esté comprometido con el empoderamiento y la fluidez del cosmos para fortalecer la autoestima, el respeto a los demás y a sí mismo.

Cuando el chakra comienza a desbloquearse se siente felicidad, seguridad, amistad, alegría, para poderlo conseguir hay que imaginar el color amarillo mientras se medita con una vela durante el proceso de meditación. Hay que enfocar el prana en el plexo solar.

Se debe imaginar un sol radiante que está iluminando los órganos, la piel y el sistema digestivo.

4

MÉTODOS KUNDALINI PARA ALINEAR LOS CHAKRAS (PARTE II)

Dicen que no hay mejor manera de esclarecer las barreras del pensamiento que por medio de la meditación. Aunque en ocasiones el bloqueo es tan difícil que ni así se puede desbloquear un chakra que no avanza, entonces toca recurrir a otras herramientas más efectivas.

Cuando un chakra no se revitaliza el cuerpo aural o energético y el físico no fomenta el desarrollo en la vida de una persona, no se genera autoconsciencia ni se transmite energía entre los niveles aurales a cada capa y frecuencia.

Los bloqueos fuertes no generan la información que se necesita. Chakras abiertos es garantía de comunicación efectiva, se requieren para que se pueda mover la energía universal chi, prana u orgón.

A continuación los otros chakras que se deben trabajar para alinearlos por medio de la posición kundalini.

Chakra anahata bloqueado

Cuando el bloqueo es en el chakra Anahata este puede ser causado por las emociones como el duelo, el dolor, la angustia, la apatía el tedio y se deriva de un amor perdido, por la muerte de un familiar, por no lograr lo que se ha propuesto e incluso cuando se va una pareja que se amaba.

Se experimenta la ausencia o la empatía a nivel emocional y la rigidez a nivel espiritual. Por tanto es difícil que se pueda mostrar el amor hacia sí mismo sin evitar sentir la vulnerabilidad para con otros.

El chakra ubicado en el pecho se balancea a los inferiores y superiores y simboliza la unión divina entre lo femenino y masculino.

Representa la capacidad para tomar decisiones propias.

La manera de desbloquearlo es que se comience respirando en cuatro puntos mientras se está imaginando el aire vital que emana del pecho y por medio del cuerpo, conectando con el cosmos, la clave para la meditación es sentir la unicidad con el cosmos, da cuenta de que la desconexión es solo una ilusión.

Es saberse consciente con cada respiración, mientras se hace, se puede usar el mantra correspondiente al chakra.

El chakra Vishuddha bloqueado

Cuando el chakra de la garganta está bloqueado puede ser por los sentimientos de deshonestidad o poca autenticidad.

Se relaciona con las sensaciones de claustrofobia ansiedad e inseguridad.

Muchas personas sienten que este chakra se bloquea, porque no tienen un estilo de vida saludable, andan llenos de decepciones y mentiras dejando como resultado dificultades para ser genuinos consigo mismos y con las personas del entorno.

Inclusive se pueden buscar alternativas relacionadas con la ansiedad y la codependencia, la manera de desbloquear este chakra es practicando la meditación enfocada en la autointerrogación, la meta es ir más allá de sí mismo y encontrarse de una manera auténtica y original.

Es hacer preguntas existenciales inhalando profundamente, respondiendo las preguntas de manera honesta, llevando un ritmo de preguntas y respuestas con tono rítmico y profundo.

Es una meditación donde se trabajan los sentimientos, la claustrofobia, la ansiedad y se busca ser honesto y conectar con el cosmos.

El chakra del tercer ojo bloqueado

Este chakra puede bloquearse por la ilusión, uno de los grandes miedos del ser humano es ser inadecuado, es cuando se siente que se está disociado, esto se relaciona con la intuición pobre, con el sentido de la identidad débil, incluso con la incapacidad de estar sin estar.

El modo de desbloquear este chakra es haciendo una meditación con la respiración y la imaginación en marcha. Se tiene que visualizar una luz, como la de una vela, que es la del tercer ojo.

Entonces se inhala y exhala y al hacerlo la llama tiene que volverse más grande cuando se inhala y más pequeña al exhalar.

Se debe tener la certeza de que se es todas las cosas del mundo en ese momento y que todas las cosas son parte de uno.

El chakra de la coronilla bloqueado

Este es un chakra que se puede bloquear por el exceso de apego. Entre los síntomas se encuentra la angustia existencial, la desconexión con la mente, el alma y el cuerpo.

Es la incapacidad de abrirse con los demás.

Este es un chakra que se relaciona con la percepción distinta a nuestra existencia a la infinidad y a la esencia. Una manera de desbloquearlo es inhalar y exhalar en el momento y hacerlo nuevamente sosteniendo un poco más el aire.

Este es un tipo de meditación que permite dejarse llevar por la unión divina y el amor cósmico, eleva la energía de los chakras inferiores hacia un reino de conciencia pura.

La respiración vital que se inhala impacta en la declaración sagrada, la luz divina y el tercer ojo que va abriéndose por medio de cada ejercicio que se hace.

Este es un chakra que se relaciona con la sabiduría,

con la iluminación y la trascendencia. El planeta que le gobierna es Urano y se relaciona con la glándula pituitaria.

Cuando se logra desbloquear el inconsciente colectivo hace presencia y se unifica con la conciencia vibratoria de la kundalini haciendo eterna la vibración.

La frecuencia es única y hace sintonía con la orquesta del cosmos, esto puede suceder muchas veces en el camino espiritual y cada vez se tiende a aumentar la sabiduría.

ABRIENDO LOS CHAKRAS CON LA MEDITACIÓN

Los chakras que trabajan en exceso se saturan y generan bloqueos que a la vez van afectando toda la vida en general y la energía que tiene el cuerpo también sufre un impacto.

El chakra refleja su problema en el cambio de la tonalidad de color del chakra afectado.

Entonces estos en lugar de verse brillantes y hermosos, se tornan oscuros e incluso parece que se cubren por una costra como si nunca se hubieran limpiado, ahí se hace necesario tratarlos para devolverles la vitalidad y las vibraciones.

La meditación es una de las herramientas importantes para lograrlo.

Si se quiere meditar entonces se tienen que seguir estos pasos:

Hay que encontrar primero un lugar que sea tranquilo donde se tenga la garantía de que no habrán interrupciones y ya conseguido se debe sentar en una posición de meditación, con la espalda recta y con comodidad.

Dependiendo de la capacidad se puede adoptar la posición del loto o la del medio loto, si una persona tiene una dolencia lo puede hacer en una silla. La idea es que la posición adoptada muestre una sensación de fortaleza y equilibrio.

La espalda tiene que estar derecha sin terminar en la rigidez y los pies firmemente sobre el suelo en caso de que se esté en una silla.

El otro paso es cerrar los ojos y con las manos se hace el mudra de la iluminación, que consiste en entrelazar los dedos excepto los índices y pulgares que se quedan extendidos pero con las puntas en contacto.

Ahora se comienza a visualizar el chakra raíz que es una bola roja de energía en la base de la columna.

Se debe crear una imagen mental del cuerpo desde el punto de vista de una tercera persona.

Se debe procurar imaginar al cuerpo como un espacio oscuro donde resalta el color y la luz de cada chakra que se está activando, se debe visualizar el chakra raíz como la esfera roja y que flota en el cuerpo.

Se debe imaginar a esa energía como un gran círculo que va saliendo y va logrando la normalidad. Es una explosión de energía que debe visualizar el chakra para poderse activar.

Con cada chakra se tiene que imaginar una energía inmensa que va saliendo y regresa a él.

Se pueden activar los músculos relacionados a este chakra que se trabaja para ayudar a que el proceso se realice.

Hay que permitir la energía en este centro.

Cuando ya se ha activado el chakra raíz entonces corresponde limpiarlo y para esto se tiene que visualizar un rodillo o una vara de energía blanca que baja desde la cabeza hasta la base de la columna. Así este chakra llega al chakra raíz.

Luego se tiene que girar el rodillo, desde el centro

haciéndolo adquirir velocidad y que este parezca que genera electricidad en el chakra raíz.

Se tiene que visualizar la energía negativa expresada en tonalidades oscuras de color rojo, negro y gris saliendo de este chakra y subiendo hasta la cabeza, de la misma manera en la que una ballena saca agua, se hace hasta que el chakra tenga la tonalidad roja brillante que le corresponde.

Se debe hacer lo mismo con todos los chakras hasta que se logre alinear totalmente todo.

La meditación para los chakras dejará como resultado un efecto genial y lo mejor es que su efecto es inmediato.

Se centra en los chakras en los que se podrá disfrutar del viaje, pronto se va a ver que la meditación es fácil de hacer y cuando se logran alinear los chakras la vida mejora.

La meditación anterior fue hecha con el propósito de lograr un equilibrio en esos chakras para poder atraer la abundancia en todos los niveles y lograr que se tenga sanación, mental, espiritual y física.

DESBLOQUEAR LOS CHAKRAS CON LA DIGITOPUNTURA

Hay muchas herramientas para poder alinear los chakras, una de ellas es la digitopuntura.

Muchas personas tienen los chakras debilitados e incluso bloqueados y viven con ello sin tener constancia de que lo padecen, por eso ahora es importante conocer esta herramienta para de una forma sencilla resetear completamente el sistema de los chakras principales.

Ya se sabe que los siete chakras son los centros energéticos principales del cuerpo y desde este mismo cuerpo físico es posible activarlos o regenerarlos.

Dado que se es un holograma, cada una de las partes

contiene la información del resto. De este modo se pueden ver las alineaciones de los demás chakras en el perfil de ambas manos y haciendo masajes o presiones en los lugares puntuales para despertar los puntos correspondientes.

Se debe prestar atención a los puntos que tengan más dolor o que más incomodidad generen para ajustarlos. En esos lugares es donde los chakras están con más problemas.

Con el pulgar de la mano contraría se comienza a hacer un masaje circular en el sentido de las agujas del reloj y sobre cada punto correspondiente a cada chakra.

Es algo que puede hacerse las veces que se quiera. Se puede sentir un poco de dolor en ese punto o zona.

Se coloca el pulgar en vertical en la mano contraria al primer punto y se empieza a hacer una serie de siete masajes dibujando los círculos presionando constantemente en el sentido horario.

Se sigue haciendo de la misma manera hasta que se concluya con el séptimo punto que acompaña con una respiración profunda y pausada. Esto hará que esta experiencia sea relajante y agradable.

La presión se debe hacer fuerte pero sin que cause dolor, el dedo siempre tiene que estar colocado de manera vertical y teniendo cuidado con las uñas, que deben estar cortas.

7

AROMATERAPIA PARA ALINEAR LOS CHAKRAS

Los aceites esenciales de los chakras son esos óleos de origen natural que se usan con el fin de generar un cambio en los puntos o centros de poder que tiene el cuerpo humano.

Las raíces esotéricas de la antigüedad consideran a los chakras como los elementos que reciben y transforman la energía vital al cuerpo.

La energía vital llega a los chakras por la absorción directa del entorno, y los canales energéticos.

Los eruditos dicen que hay cerca de 72 mil canales energéticos pero los primordiales son el del fuego, la luna y el sol, o sea Suyshumna, Ida y Pingala, el Ida y Pingala se entrelazan con el primero y forman un gran conducto de energía.

Lo alinea con la columna vertebral del cuerpo físico donde están los siete chakras principales, el prana se transporta por medio de Sushumna para activar los chakras principales de la misma forma como la energía cósmica o divina se identifica con la serpiente kundalini que está dormida en la base de la columna o chakra raíz.

Cuando kundalini despierta con los ejercicios físicos, mentales y místicos, recorre los centros de poder en la Sushumna hasta llegar al chakra de la coronilla que muestra el estado de gracia.

Los aceites esenciales para lograr el equilibrio

Hay quienes dicen que los chakras se mantienen dormidos hasta que son despertados por los centros de poder de la energía kundalini, muchos especialistas aseguran que estos centros se mantienen en constante funcionamiento, si se toma en cuenta esta creencia, los chakras se regulan energéticamente cuando se conectan con kundalini, pero en la ausencia de esta se pueden estimular por medio de otros métodos.

Muchos recomiendan que se pongan en uso los aceites esenciales de los chakras como una alternativa para lograr el equilibrio en ellos y mejorar el funcionamiento de estos centros de poder.

El enfoque de los aceites es trabajar los siete chakras: Muladhara, Swadhisthana, Manipura, Anahatha, Vishuddha, Anja, y Sahasrara.

Hay muchísimos aceites esenciales que sirven para lograr la armonía en los chakras, pero ahora mismo se mencionarán los que más se usan, según el centro de poder que se trate con el objetivo de lograr lo que se quiera con ellos, que es abrirlos.

Muladhara

Este es el primer chakra, conocido como el chakra raíz, se sabe que se ubica en la base de la espina dorsal en el perineo entre el ano y los genitales.

Asociado a la fuerza de voluntad, al apego, la vida y la vinculación con la tierra.

Se pueden usar en este chakra los siguientes aceites:

- Pino para la purificación.
- Pachulí para la energía física.
- Cedro para el equilibrio.
- Lavanda para la serenidad.
- Clavo de olor para controlar la ira.

- Mirra para la motivación.
- Pimienta negra para la alegría de vivir.
- Jengibre para la confianza.

Swadhisthana

Este es el segundo chakra que se llama chakra sacro y está en el área púbica, entre la quinta vértebra lumbar y el hueso sacro.

Este es un centro de energía que se relaciona con la afirmación de la seguridad, la energía sexual y reproductiva, la creatividad y el entusiasmo.

Los aceites recomendados para usar con este chakra son:

- Sándalo para la espiritualidad.
- Ylang Ylang para la sexualidad.
- Rosa para la creatividad.
- Romero para la vitalidad.
- Jazmín para la sensualidad.
- Naranja para la felicidad y luchar contra la depresión.
- Geranio para la ansiedad.
- Benjuí para el poder personal.

Manipura

Este es el tercer chakra y se conoce como el chakra del plexo solar o umbilical, se encuentra entre el plexo solar y la zona del ombligo. Por debajo de la caja del tórax.

Se asocia con la interacción con los demás, la aceptación, y la manera en la que se procesan las emociones.

Los aceites que se recomiendan para este chakra son:

- Canela para conseguir energía.
- Bergamota para la depresión.
- Menta para liberar las emociones que se tienen reprimidas.
- Eucalipto para vencer la pereza.
- Limón contra la apatía.
- Manzanilla para lograr la tranquilidad.
- Hinojo para calmar.
- También se usa el romero, la lavanda y el jazmín.

Anahata

Este es el cuarto chakra y es el chakra del corazón o cordial, se encuentra en la región cardíaca en el centro del pecho, en este punto de energía se vincula todo lo que es el sentimiento del amor, el estado de ánimo, y la fortaleza para sanar internamente.

Los aceites más usados son:

- Nardo para la purificación.
- Palo de rosa para relajarse.
- Cardamomo para la euforia sexual o espiritual.
- Geranio para la ansiedad.
- Salvia para la creatividad.
- Albahaca para la claridad.
- También se usa el pino, la rosa, la mirra, la bergamota y el jazmín.

Vishuddha

Este es el quinto chakra y se conoce como el chakra de la garganta o del cuello, está ubicado en la garganta entre la laringe y la prominencia laríngea.

Se relaciona mucho con la comunicación y el proceso de la información, el vínculo entre el pensamiento y las emociones.

Los aceites esenciales que se usan con este chakra son:

- Enebro contra el miedo.
- Petirgrain contra las emociones no dichas.
- Árbol de té para la asertividad.
- También se utilizan la salvia, el eucalipto, manzanilla y benjuí.

Anja

Este es el sexto chakra y se le llama frontal o tercer ojo, se encuentra por encima de la base de la nariz, en el entrecejo.

Se relaciona con la capacidad psíquica y la percepción del yo, el sentido práctico, y el poder de visualizar.

Los aceites para este chakra son:

- Anís estrellado para la clarividencia.
- Violeta para la paz.
- Incienso para el desarrollo espiritual.
- Vainilla para la tranquilidad.
- Vetiver contra la negatividad.
- Otros aceites usados son el enebro, la menta, rosa, jazmín, mirra y sándalo.

Sahasrara

Este es el séptimo chakra y se le conoce como el chakra coronal o centro de la coronilla, se encuentra en el centro superior del cráneo, es una zona de poder que representa la espiritualidad, la inspiración, el vínculo con lo divino.

Los aceites más usados con este chakra son:

- Loto para la paz espiritual.
- Neroli para el amor propio.
- Ciprés para la protección.
- Otros aceites usados son la mirra, el incienso, el ylang ylang y el sándalo.

Los aceites esenciales se recomiendan que se usen los que son naturales y no los artificiales, algunos los combinan.

Lo que si tiene que tenerse en cuenta es que no se pueden usar puros sino diluidos.

LOS CHAKRAS Y LOS ARQUETIPOS

Todas las personas tienen el deseo de madurar para volverse completos.

Entonces, qué son los arquetipos:

Son un modelo de autoconciencia que tiene las actitudes definidas que se toman ante la vida, representan las cualidades disfuncionales o funcionales que hay en cada persona.

Tienen patrones fijos de comportamiento humano, se encarnan personajes que son ficticios, mitos y folclore.

Refleja los aspectos del inconsciente de una persona y el inconsciente colectivo.

Los arquetipos sirven para reflejar el mundo que se

ha proyectado desde las cualidades emocionales del interior.

Ayudan a comprender mejor las motivaciones, los comportamientos y en general el mundo interno de cada persona.

Con estos arquetipos se pueden identificar patrones que sean constructivos y también los que son autodestructivos.

Permiten comprender mejor a los demás y conocer lo que pasan en ese momento en sus procesos.

Los medios para poderlos identificar es con la meditación constante, también haciéndose consciente de la actividad que se hace y de los pensamientos que se tienen.

Hay que dejar caer los juicios acerca de los demás y de sí mismo, se frena la actividad y los pensamientos.

Se identifican cuáles son los patrones que se repiten.

En cuanto a los chakras con los centros que distribuyen la energía en el cuerpo, lo hacen por medio de los tres canales distintos: Ida, Pingala y Shushumna, son el mapa de lo que está pasando en el mundo exterior.

Hacen una comunicación con el creador y el mundo y con el mundo y el creador.

El equilibrio depende de cuánto es la identificación con el cuerpo o el mundo exterior o con el espíritu.

Los chakras y los arquetipos

Los chakras tienen relación con los arquetipos porque ambos representan una medida de los estados emocionales y cuentan la historia de la persona, la manera en la que se siente, los deseos, sus vivencias, etc.

Cada chakra tiene una relación con una emoción, con un aspecto de la psique y a su vez su relación con un arquetipo que lo define y lo moviliza tanto en positivo como en negativo, en funcional y disfuncional.

Chakra raíz

La madre representa la habilidad para nutrirse y cuidar la fuerza vital, entre más se alimenta mejor se descansa cuando se requiere.

Da comodidad y se es menos dependiente, se mantiene en contacto con la madre que hay en cada uno y se aprende a crear una base estable para moverse con seguridad interior.

La víctima es tenerle miedo a no ser aceptado y crea torpeza cuando se va a desenvolver en las relaciones sociales.

Genera sufrimiento porque se siente que las decisiones ya se han tomado y no se pueden cambiar, se encuentra el estado de la desesperanza y la dependencia del mundo exterior, ya sea de la pareja, la familia o una organización.

Se desconecta de ella misma, de su interior.

Chakra sacro

El emperador o emperatriz permite que se puedan ver las cosas buenas por parte de la vida y se mantiene firme en el mundo con orgullo por lo que ha logrado en conquistas y con regocijo por eso.

Mantiene equilibrio emocional y se relaciona bien con otros sin crear lazos de dependencia o apego. Se siente bien con la abundancia, la prosperidad y el éxito, los cuales maneja con equilibrio.

El mártir hace un sacrificio que es exagerado por lo demás cuando no reconoce el valor individual que tiene. Cree que no merece ser querido y asume más responsabilidad hacía si mismo que la víctima pero no tiene la fuerza para asumir el poder donde lo desea.

Sufre por los demás y renuncia a la felicidad por mantener la paz y la estabilidad, muchas veces el mártir cree que está haciendo lo que es correcto por los demás, por la familia, padres, hijos, pareja. Vive una vida incompleta a costa de su propia felicidad.

Chakra plexo solar

El guerrero es un arquetipo poderoso, con una fuerza y habilidad para asegurar el derecho a ser una mejor persona que pueda ser y saber decir que no cuando se requiera.

Se afirma bien en el mundo laboral o profesional sin llegar a ser déspota o autoritario.

El sirviente no tiene un valor propio suficiente, proyecta el poder que tiene en otras personas dándoles poder, no le gusta ser el centro de atención y mantiene su posición en servir y ser tímido en extremo.

Otro arquetipo disfuncional de este chakra es la figura del tirano que contrario al sirviente, ejerce poder y fuerza para lograr afianzar el ego escondiendo la falta de autoestima y valor.

Chakra cardíaco

El amante posee la habilidad para amar a otros y amarse. Tiene el poder de establecer el contacto con el alma, equilibra la relación entre dar y recibir y aprende a manifestar al mundo el amor incondicional que posee.

El payaso, actor, actriz, actúa como si no pasara nada, escapa a las emociones que tiene en lo profundo de su corazón.

Procura no tener experiencias íntimas, cuando alguien se acerca demasiado a las vulnerabilidades que tiene entonces se cierra y sabotea él mismo las relaciones.

Chakra laríngeo

El comunicador es quien establece la comunicación interna con Dios y con el Yo interno, habla desde el Yo superior y expresa sentimientos con un propósito.

No es persona de criticar o chismear, no dice malas palabras y estas en cualquier formato tienen un gran valor.

Sabe que su espíritu se reduce cada vez que miente o manipula con sus palabras.

El distante es alguien con miedo a comunicarse, es un arquetipo donde hay diversos niveles de represión.

Alberga sentimientos de frustración, enfado y hasta violencia que no ha expresado. Es un arquetipo que guarda lo que siente dentro y no lo expresa.

Chakra del tercer ojo

El intuitivo presta atención a los diversos mensajes que le llegan, ve la manera de actuar, acepta las actuaciones y aprende de ellas para cambiar lo necesario y evolucionar.

No reniega de la imaginación ni de la intuición, luego de afinar las habilidades puede convertirse en un sanador o artista o un terapeuta talentoso.

El racionalista teoriza sobre todo en vez de estar sintonizado con los ciclos de la energía. Tiene la necesidad de encontrarle una explicación lógica e intelectual a cada cosa.

Le gusta controlar y programar todo, por lo que se siente perdido cuando las cosas no salen como las planeó y entre más deseo tiene de controlar menos paz interior tiene.

No confía en sus intuiciones y su sabiduría interior y

sentimientos, se ata a una serie de normas que le quitan la posibilidad de dejar volar la imaginación.

Chakra coronario

El sabio. Encarna la esencia de la conciencia y el amor, este arquetipo emana una energía con alta frecuencia, es limpia y bella, no separa la vida del ser y se muestra tal y como es.

No juzga ni critica. Se quiere y acepta en su totalidad y entiende que es más grande que sus limitaciones y aún más grande de lo que su mente limitada puede llegar a entender.

Sabe que todas las experiencias enriquecen y que son buenas para la evolución personal, aunque en ese momento se esté pasando por dolor y dificultades.

El egocéntrico, posee la creencia de que es el responsable de lo bueno que pasa en su vida.

Se identifica con el estatus profesional económico o de una clase social, actúa en los negocios de una forma severa y la forma de tratar el cuerpo es parecida, no enseña sus emociones cuando está enfermo o tiene dolor.

Debajo de esta fachada esconde desconfianza y tiene miedo a ser herido.

ASANAS PARA ALINEAR LOS CHAKRAS

El yoga es una herramienta excelente para trabajar los chakras.

Según la tradición del yoga hay algunas posturas que son ideales para poder equilibrar y alinear los chakras. Se sabe que los chakras se encuentran tres en la parte inferior y cuatro en la parte superior, son los principales.

Pero se debe saber la manera en la que se pueden alinear los chakras con yoga y las asanas más efectivas para lograrlo.

Por si no se tiene la información fresca, esta es la ubicación de los siete chakras, se nombran para evitar que se tenga que retroceder para recordar cada uno y su localización.

- **Muladhara** o chakra raíz: está en el perineo, en la base de la columna.
- **Svadhisthana**: está en el abdomen, los genitales, la espalda baja-cadera.
- **Manipura:** o chakra del plexo solar.
- **Anahata:** está en el centro del pecho.
- **Vishuddha:** o chakra de la garganta.
- **Ajna**: situado en medio de los ojos.
- **Sahasrara**: está en la coronilla.

Las asanas para equilibrar los chakras

El chakra raíz

El miedo es el que refleja problemas en este chakra cuando no funciona correctamente. También se puede sentir codicia cuando no marcha como debe.

Para desbloquearlo se debe hacer la postura del guerrero I, se puede hacer también la Tadasana, conocida como la postura de la montaña, se puede hacer la Uttanasana, con la pinza de pie y la Utthita Trikonasana que es la postura del triángulo extendido.

Svadhisthana, el chakra de la creatividad

La apatía es la que demuestra el poco movimiento de este chakra o si se está muy activo y emocional.

La manera de desbloquearlo es con la postura de Baddha Konasana, o también se puede hacer la Dandasana que es la postura del bastón.

La Paschimottanasana, que es la pinza sentada o la Upavista Konasana que es la flexión sentado hacía adelante.

Estos influyen en el chakra, masajeando y estimulando los órganos reproductores la vejiga, y el útero. Asociados a este chakra.

Manipura o chakra del plexo solar

Este chakra con poca actividad causa indecisión o en cambio puede causar mucha actividad o agresividad.

Las asanas recomendadas para hacer son la postura del barco que es de las mejores para tratar este chakra, lo ayuda a alinear.

También se puede trabajar con la Dhanurasana que es la postura del arco, la Ustrasana o postura del camello, y la Setu Bandhasana o postura del puente. Estos masajean la zona lumbar y abdominal.

Anahatha o chakra del corazón

Si este chakra anda con poca actividad se muestra

poco agradable, pero cuando tiene mucha actividad se muestra amoroso.

Para poderlo equilibrar se puede realizar la postura del camello, otra postura muy recomendada es la Bhujangasana o postura de la cobra y la Marjariasana o postura del gato.

Vishuddha o chakra de la garganta

Al estar inactivo se tiene timidez, por el contrario si está muy activo entonces se habla demasiado.

Se puede equilibrar con yoga, llevando a cabo la Matsyasana o postura del pez, la Vajrasana o postura del diamante, la Viparita Karani Asana o postura del gesto invertido y la Halasana o postura del arado.

Ajna o chakra del tercer ojo

Cuando tiene poca actividad puede generar confusión pero cuando tiene mucha actividad se tiende a sufrir insomnio, y arrogancia intelectual.

Para trabajarlo se requiere de la postura del niño o Balasana; la Janu Sirsasana o postura de la cabeza en la rodilla y la Makarasana que es la postura del cocodrilo.

Sahasrara o chakra corona

Al tener poca actividad probablemente se sienta rigidez en los pensamientos, cuando se tiene mucha actividad entonces se es muy espiritual.

Para poder desbloquear este chakra se puede hacer la postura del pino o sirsasana, la Vrksasana o postura del árbol, la Salamba Sirsasana o parada de cabeza y la Ardha Padmasana o medio loto.

La concentración y la energía

Dentro del yoga no se trata solo de asanas que desbloquea chakras y ya está, sino que son posturas que se llevan a cabo lentamente y van acompañadas por una respiración controlada, también se acompaña por la visualización y la circulación de la energía.

10

OTROS MÉTODOS PARA ALINEAR TUS CHAKRAS

Además de todas las herramientas descritas hasta ahora, existen otros elementos que son importantes para conseguir alinear y desbloquear los chakras. Se describen algunos para que se tengan más opciones de elección:

Gemas y minerales

Las piedras chakra activan o amplifican la energía de los chakras, esta es una lista que puede servir de ayuda para elegir el cristal de curación dependiendo del chakra que se vaya a trabajar.

- **Piedras chakras raíz:** Coral rojo, ágata, turmalina negra, rubí, ojo de tigre, hematita.
- **Piedras chakras sacro:** Cuarzo citrino,

piedra de luna, coral, cornalina.
- **Piedras chakras plexo solar**: Malaquita, citrino, topacio, calcita.
- **Piedras chakras del corazón**: Cuarzo rosa, calcita verde, turmalina verde, jade.
- **Piedras chakras garganta**: lapislázuli, aguamarina, turquesa.
- **Piedras chakras tercer ojo**: amatista, fluorita púrpura, negro obsidiana.
- **Piedras chakras corona**: selenita, cuarzo claro, amatistas, diamantes.

El funcionamiento de las piedras

La curación de las piedras se basa en la creencia que se tenga en la frecuencia natural que cada una emana.

Se puede activar para contribuir al movimiento o el equilibrio de la energía alrededor de ellas, en el caso de las piedras chakra la vibración que tiene cada cristal suena con los chakras específicos.

Se puede usar la intención y la intuición para activar el poder curativo de las piedras, la imaginación activa o la visualización que puede ayudar en el acceso al espacio en el que se puede usar la piedra o el cristal para equilibrar ese chakra.

La energía se canaliza por medio del cristal, luego afecta la vibración, la frecuencia en el que se está centrado.

Elegir una piedra chakra

Primero hay que ver las opciones de piedras de acuerdo al chakra que se va a trabajar.

Como los chakras tienen varias piedras hay que adecuar el que sirva con ese chakra y que conecte con la persona y las circunstancias.

Se puede trabajar con la intuición o la percepción intuitiva para elegir la piedra de curación, para ello se tiene que usar el sentido de la intuición o los sentidos que se tengan más desarrollados.

Se pueden ver las piedras y ver cuáles son las más apropiadas para el resplandor, se puede sentir la energía de la piedra pasándola sobre la mano y sintiendo un hormigueo o una sensación de calor.

Incluso en algunos casos la intuición dice cuál elegir cuando se necesite.

El uso de las piedras para la curación de los siete chakras

Hay muchas maneras de usar las piedras chakras

para la curación y alineación de estos, una vez que se ha elegido el que se desea usar se debe colocar sobre la ubicación del chakra en el cuerpo, se puede hacer estando tumbado.

Pero también se puede hacer de pie o sentado, sosteniéndola en las manos o llevándola como una joya pendiente que se mantenga en el cuerpo.

Hay que centrarse en la resonancia entre la piedra y el chakra que se trabaja para ver el poder de la intención, la meditación o solo relajarse sabiendo que se tiene esta piedra que está generando armonía.

No hay que olvidar que las piedras se deben limpiar luego de usarlas para eliminar esa mala energía que recoge.

Una manera de hacerlo es colocarla en un curso de agua como un río o meterla en agua salada de mar por un rato.

Se puede dejar al sol o con la luz de la luna, se puede frotar con salvia o enterrarlas en el suelo durante un buen periodo para que la regeneración sea intensa.

Los baños de colores

El agua conduce la energía y el color es energía, entonces se puede sumergir en el agua de colores para que el cuerpo absorba la frecuencia y la vibración en cuestión.

Es un baño que se tiene que disfrutar, para que el color llegue al alma y al chakra y lo alinee.

Mientras se está bañando se puede balancear el chakra pensando en lo que gustaría conseguir y mover las energías para que se dé.

Se le puede añadir aceite esencial de ese chakra en particular y así se puede incrementar el poder de la alineación.

No se deben usar colorantes químicos para teñir el agua, sino elementos orgánicos, esto garantiza la efectividad y la seguridad.

Baño de los siete chakras

Esta es una manera de hacer el baño de los siete chakras para que se comiencen a alinear y desbloquear.

Se requiere:

- Sales especiales de los 7 chakras.
- Bowl de cristal con agua.
- Jabones de los siente chakras.
- Incienso de sándalo.

Pasos:

Se realiza el baño con sales especiales de los siete chakras visualizando cada parte del cuerpo correspondiente al chakra en cuestión.

Se restriega cada color en la zona del cuerpo que corresponde al chakra.

- Rojo: espina dorsal y riñones.
- Naranja: genitales.
- Amarillo: estomago, hígado, sistema nervioso.
- Verde: corazón, sangre, sistema circulatorio.
- Azul: pulmones.
- Turquesa: cerebro inferior, ojo izquierdo, nariz y orejas.
- Violeta: cerebro superior, ojo derecho.

Entonaciones y sonidos

Se pueden generar vocalmente sonidos para vibrar a la misma frecuencia con varios órganos del cuerpo.

Se regula la entonación para ayudar con los órganos para que funcionen de manera apropiada.

La contaminación sonora puede perturbar el ambiente, hay que rendirse a los sonidos que generan felicidad y productividad, la tonificación de los colores al proyectar la luz a través de los filtros de colores del cuerpo. Todos entran y llegan al área designada.

Los chakras se pueden tratar con los mantras.

¿Qué es un mantra?

Es un sonido, una sílaba, un grupo de palabras que son capaces de crear la transformación.

El mantra bija es la semilla, es la sílaba, los sonidos de las semillas que se sueltan cuando se habla para purificar y equilibrar la mente y el cuerpo.

Al hablar la mente recibe la energía de ese mantra y lo ayuda a enfocarse en la consciencia instintiva del cuerpo y sus necesidades.

Estos son los mantras asociados a los chakras, sirven para hacer la limpieza y para trabajarlos.

Se pueden combinar con la meditación y mientras se está entrando en la contemplación se pueden pronunciar los mantras, es una manera ideal de conectar con tu interior y alinear los chakras.

Los mantras según el chakra son:

- "LAM"- Chakra 1 (la raíz)
- "USTED"- Chakra 2 (sacra / ombligo)
- "RAM"- Chakra 3 (plexo solar)
- "YAM"- Chakra 4 (corazón)
- "HAM"- Chakra 5 (la garganta)
- "OM"- Chakra 6 (tercer ojo / la frente)
- "OM"- Chakra 7 (corona)

Se pueden cantar los mantras bija ya sea de una en una o en secuencias. La repetición ayuda a acceder a un estado de meditación.

Se pueden hacer repeticiones largas, por ejemplo con el chakra de la coronilla y el mantra OM, se hacen repeticiones largas, donde se sienta la vibración "OOOOMMMMMMMMM" y así respectivamente con cada mantra.

Mientras se hace se puede concentrar en las regiones del cuerpo que se asocian con cada sílaba a medida que va avanzando por los mantras.

Es una manera excelente de conectar con los chakras y sentirse liberado.

CONCLUSIÓN

Los chakras deben estar equilibrados todo el tiempo, son una parte importante de nuestro cuerpo.

Todos somos energía, los chakras son centros energéticos que se distribuyen a través del cuerpo, desde la cabeza hasta el coxis, ya se sabe que se tienen los siete chakras principales y se tienen las herramientas para trabajarlos.

También se tienen subchakras que merecen ser trabajados y lo logran usando cualquiera de las herramientas que se mostraron en este trabajo.

Tambien se sabe que estos centros de energía determinan la cantidad y calidad de la energía que se tiene en el cuerpo, de la calidad de los chakras depende el mejor o peor funcionamiento del organismo.

Es por eso que el equilibro es sumamente importante dentro de los chakras del cuerpo. Unos chakras no alineados no permiten que la energía fluya correctamente, por eso se tienen que trabajar para que se liberen y la energía corra libremente y el color correspondiente de cada uno sea el más hermoso.

Todos los chakras son importantes, cada uno tiene un papel por cumplir, así que no se pueden desbloquear unos sí y otro no, el cuerpo es energía total y los chakras una autopista, si un chakra se bloquea puede impactar a los otros y afecta la vida en general.

Los chakras bloqueados pueden incluso impactar en la aparición de enfermedades.

Queda a gusto de cada quien usar la herramienta que desee para tratar el chakra que tenga que ser trabajado, como se pudo ver todos los chakras tienen distintas formas de repararlos, se puede incluso hacer una combinación de técnicas para reforzar los efectos o disfrutar de cada una de las formas para que pueda llenarse de color esa aura y disfrutar de la experiencia.

Es recomendable que a pesar de limpiar los chakras,

se eliminen los pensamientos negativos, porque esto causa que llegue oscuridad al cuerpo, hay que erradicar la oscuridad por medio de herramientas de visualización.

Toca poner en marcha no solo lo que se mostró aquí, sino el trabajo con la mente, que se enfoque que todo lo que se piense y considere tiene consecuencias para la salud.

Si se atraen pensamientos negativos pues afectará el interior y por supuesto los chakras, pero si se tiene una mente optimista y positiva entonces además de mantener los chakras en correcto funcionamiento, todo lo que se atraerá será felicidad y bienestar.

Alinear los chakras es posible, que esta experiencia sirva para conocerlos y poder integrarse en ellos para sacar el mejor potencial que tenemos todos.

www.ingramcontent.com/pod-product-compliance
Lightning Source LLC
Chambersburg PA
CBHW060354080526
44583CB00012B/302